オタクの断捨離

捨てられないオタクを救済！

KADOKAWA

CONTENTS

STAFF

原案・監修　やましたひでこ
漫画　カレー沢　薫
編集・制作　吉田 あき
着　彩　藤野 コウ
イラスト　つきこ（tsukiko0325）
デザイン　松田 剛　大朏 菜穂（東京100ミリバールスタジオ）
ダ・ヴィンチweb編集部　金沢 俊吾　眞鍋 優香　河村 真里
編集長　間 有希
編　集　岡山 馨

case 01

どんな漫画も全巻揃えてしまうオタク

小林さんの困りごと

本屋さんで寂しそうにしている漫画を放っておくことができないんです…

DATA

小林 バドンさん

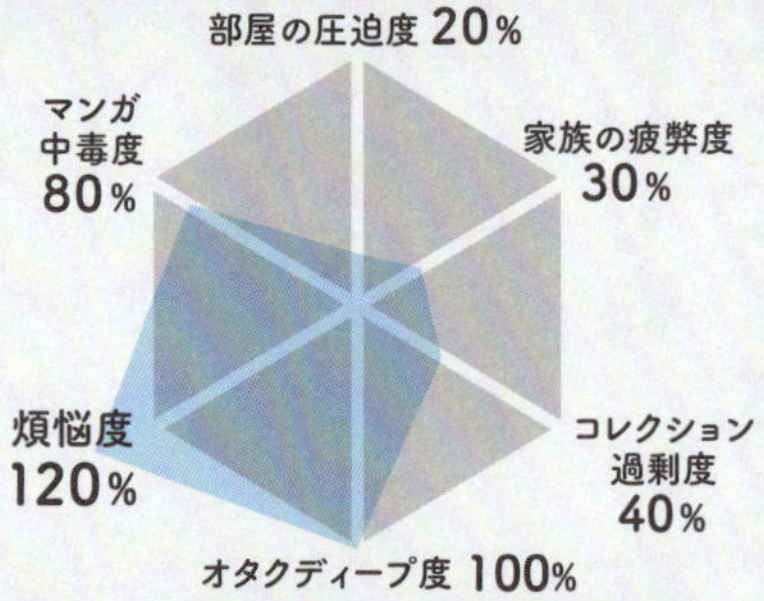

▶救済難易度：65%

ねんれい：50代
し ご と：ネットショップ「マニアパレル」を運営するデザイナー

築50年超えの団地に夫婦で2人暮らし。団地・ダム・テトラポッドなど趣味が多岐にわたるため、あらゆるマニア業界の有名人。上品な老婦人から「綺麗に跳ばれておりますね」と褒められて以来、縄跳びにハマっている。

趣味が行き過ぎて部屋が大変なことになったオタクを救済！
「オタクの断捨離」今日は小林夫妻のお宅に突撃だ！
「断捨離®」の第一人者やましたひでこ先生と
漫画家かつオタクで現役汚部屋の住人カレー沢薫です
で何のオタクで何に困ってるの？
そのプロフィールでアドバイザー側に立つの？

僕は「どんな漫画も全巻揃えてしまうオタク」小林です
それは漫画家にとってはありがたいオタクじゃないか
しかし俺の漫画はどれも短命だから全巻揃えてもたかが知れている
1巻だけ紙で残り電子のみとかもあるし…
全3巻
カレー沢①
カレー沢②
カレー沢③
これから集めたい「進○の巨人」は30巻超えで困ってます!
ここだけの話漫画は古本屋で買ってしまうことも
寂しそうにしている漫画を放っておくことはできないから!
その集め方は漫画家に一銭も利益がないからやめろ!
自分の利益基準でのアドバイスやめてください
小林家の漫画を断捨離させたところでまたそれを売ったり買ったりする奴が現れてますます新刊が売れなくなる!
経済を回すためにこの部屋に留め置きましょうぜ

分かりますね 小林さんが漫画に 魅了されるお気持ち 漫画は読み始めたら とまらなくなるもの 漫画は読み始めたら 全部揃えたくなるもの
先生がそっち側に ついたら 一生片づかないよ
でもこれが続けば 生活空間を圧迫して 家族のストレスに なることも…
はい… 棚にどんどん 積まれていくので 困ってます
しかし奥さん まだ足元が お留守じゃねーか
汚部屋というのは 床に物を置き出して からが一人前だ
床を「収納」と 言い始めてから 一昨日きやがれ

下の床はまだ無事ですが
上は天井にハンモックを下げて収納にするぐらい限界です
……本を断捨離するより天井にハンモックつける方がめんどくせーと思うけどな
主人はDIYで収納を作りますし…面倒だから片づけないというわけではないんです
でも奥さんはネットでよく見る「夫のプラモを突然勝手に捨てる妻」化する寸前なんでしょ？
片づけはしたいです

「二人が読み終われば片づけていい」ってことになってるんで私も一生懸命読んでます
読み済チェック
夫 妻
うふふ
夫婦で徹夜で漫画を読んでいることもしばしばあります
ははは
妻も漫画好きってのはやりづれえ…「漫画なんて低俗な文化で資源の無駄」とか言ってくれた方が…
漫画家の発想じゃない
ならばそれでいいじゃないですか
ス…
ご夫婦ともに漫画が好きなのですから
読む喜び
揃える嬉しさ
共に味わう幸せ感
キュッ
キュッ
きたー!!ひでこラップ

確かにオタクにとって集めたモノは全部「大事なモノ」
ネコの形
大事なモノを無理やり捨てるなんて断捨離じゃねえ！
つまり「オタク」と「断捨離」の相性はド最悪！
また来世で
企画の段階で終わっていたんだ！
オタクの断捨離・完！
そう 大好きで大事な漫画ならば
いっそ居直って「こうなったら限界まで集め揃えてやる！」くらいの気持ちになるのも一興
先生 意外と破滅型思考！
でも本当に大事で大好きなら
ネコ山
あんなに乱雑に積み重ねておくなんてありえますか!?
ガーン

迷えるオタクを救済！

やましたひでこのアドバイス

分かりますね、漫画に魅了されるお気持ち。
ならば、それでいいじゃないですか。ご夫婦ともに漫画が好きなのですし。
こんなご夫婦の関係はめったになく、大抵は相手の趣味嗜好を鬱陶しく
感じ、邪魔に思い、夫を〈妻を〉罵るのが常。
けれど、大好きな漫画も大量となれば
生活空間を圧迫するストレスフルな存在に。
実は、「モノそのもの」ではなく、
余地を失った居住空間〈環境〉が
夫婦の関係にヒビを入れていくのです。
でも、今は、まだ大丈夫そうですね。
ならば、いっそ前向きに諦めて、「こうなったら
限界まで集め揃えてやる！」くらいの気持ちになるのも一興。
とことんやり切れば、おのずと「手離れていく時」はやってくるものです。

小林さんの
KAIZEN POINT

改善ポイント

片づけがラクになる「3分類の法則」

片づけが嫌いなわけではない小林さん。それでも漫画が増えすぎてしまうのは「分類」ができていないからかも？

モノをすべて収納しようとしてもスペースは限られているので、「収まらない！」なんてことはよくありますね。

モノは、収納するまでに**「分類」**することが重要。

そして**「分類する数」**が大事です。

細かく分類しすぎると、それぞれの置き場所を覚えられず、ますます散らかることになりかねません。

断捨離では**「3つに分類する」**ことを提案しています。

小林さんの場合は、増えてしまった漫画を夫婦で読み、読んだら「読み済チェック」を入れて手

ハンモック収納も小林さんお手製。"この手があったか!"と思いついたかもしれないが、苦笑する妻・リカさんの表情が思い浮かぶ…

オタク仲間が多い小林家。遊びに来たお客さんに漫画を1セットずつ持ち帰ってもらうプチ断捨離を実行中

元漫画家でデザイナーという職業柄、本が多い。特に漫画は「生活の潤いだから、増えるのはしょうがない」。全巻揃っていないとクライマックス未消化症候群に

放すという整理術をすでに身につけているようですね。

それならば、すべての漫画を集めて、以下の手順で断捨離してはいかがでしょう?

ステップ1「全部読み切っても手放さないモノ」「読んだら手放すモノ」「読む前に手放すモノ」に分類し、まずは「読む前に手放すモノ」を破棄。

ステップ2「全部読み切っても手放さないモノ」は自分で覚えていられる場所に収納。バラけさせず、1ヶ所に収納するのがポイント。

ステップ3「読んだら手放すもの」は、読むのを忘れないようによく見える場所の本棚に収め、読んだものから順番

3分類の法則

手元の漫画を分類

読む前に手放すモノ	読んだら手放すモノ	全部読み切っても手放さないモノ
↓	↓	↓
破棄	**読んだものから順番に手放していく**	**自分で覚えていられる場所に収納**
	POINT 読むのを忘れないようによく見える場所の本棚に収める	POINT バラけさせず1ヶ所に収納する

に手放していく。

収納における分類の考え方は、**漫画だけではなく、すべてのモノの収納に活用できます。**

自分の暮らしやすさに応じたルールで3つに分類してみましょう。

小林さんのその後…

漫画をすべて発掘して「可視化」！

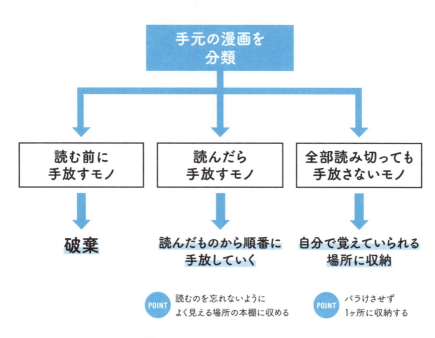

とりあえず 家にある漫画を 全部引っ張り出して 可視化してみました
突然やる気に なった 片づけられない 奴が
家の物 全部ひっくり返した ところで力尽きて さらに散らかる事って よくあるよね
いえいえ すべて出して 全体量を 俯瞰するのは 大事ですよ
ヤベ〜
まずは現実を 直視することが 大事か…
出てきた漫画の ほとんどが 本屋の袋に入ったままの 積読ってのがね…
漫画を読むより 漫画を買って 置いとくのが 好きなのか？
本
Book
漫画家的にも 買ってくれさえすれば 読まなくても別に いいです
OK
一度は読んで捨てようと 思っていたけど もう読まないまま 捨てても私は構わない

次のオタクに続く…

家一軒分のお金を グッズに注ぎ込む 登山オタク

case 02

南さんの困りごと

登山の装備は命を守るためにも必要ですが、高価なモノもありますね…

DATA

南 比呂一さん

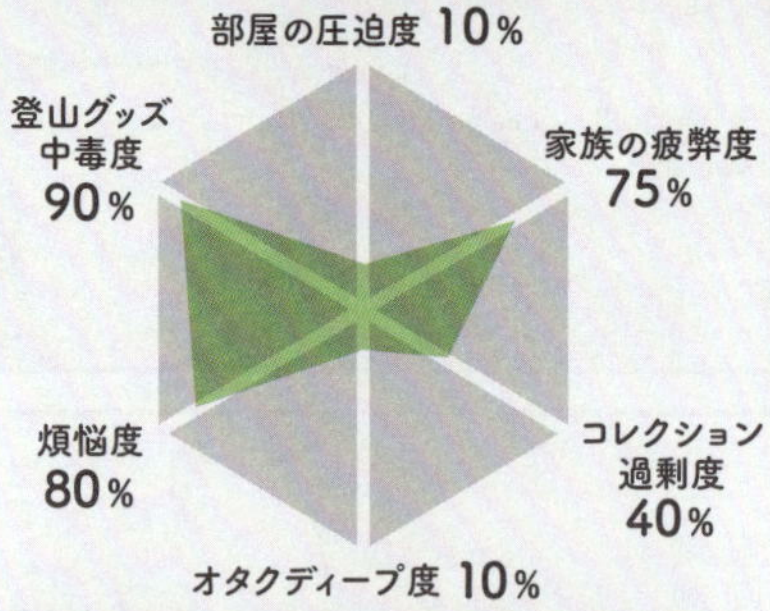

▶救済難易度：51%

ねんれい：66歳
しごと：FBC（福井放送）の元役員

会社から「もっと高みへ」と言われ、出世ではなく山の高みを目指したのが、登山を始めたきっかけ。今ほしいのは、「百名山」完登のためのベースキャンプ。

今回は家一軒※買えそうなほど
※地方限定
「登山道具」に課金してしまった南家を成敗だ！
山登りは健康に良い足腰が丈夫になる
1日や2日で大きな達成感を得られるのも良い
見知らぬ人とも挨拶をかわす山の掟は
情操教育的にもよい
コンチワ

だが登山を安全に楽しむためには相応の「装備」が必要である そして登山用品は災害時に防災用具の代わりに使えるのだ 知らない人も多いが…
増えすぎた寝袋
買いすぎた携帯食
誰も登山をやめろとは言ってないのにすげえ早口じゃん
登山の趣味はいいんですけど登山道具が家のスペースを取りすぎだしお金もかかりすぎなんです
一部屋丸々登山道具
ほらパートナーは趣味に文句があるんじゃなくて趣味によって圧迫される家計と居住空間に不満があるんだよ
だが汚部屋オタクは「俺様の大事な趣味を否定された」と論点をズラして逆ギレするから熟年離婚とかされんだよ
むぎゅ
俺の老後を見ているようでキツいから勘弁してくれ

妻への感謝は
忘れてませんよ
登頂したら
まず妻に
動画を送ってます！
だから
嫁は山に興味
ねえんだよ！
私としては
「登山道具は
ひと部屋に
収まるようにする」
「課金総額は
500万まで」に
してくれれば
いいかなと
思ってます
おいおい 俺の地元でも
500万じゃ
3人以上不審死が起きてる
事故物件ぐらいしか
買えねえよ
家一軒分の課金は
盛りすぎだな
大●てる
今までではなく
今後の課金は
上限500万という
意味で…
今までいくら
使ったかは不明
なんだ
これからの
話か
え〜

では先生そろそろ明らかに富裕層である南家に激怒してください
趣旨が変わっている
死にたいのか？
そこまで怒らんでも！
好きなモノを集めたくなるのも増えていくのも当たり前
そしてそれに伴って空間が塞がれていくのもしょうがないこと
登山グッズで部屋の一角が押入れが埋め尽くされるのもひと部屋が潰れてしまうのも自然の成り行き

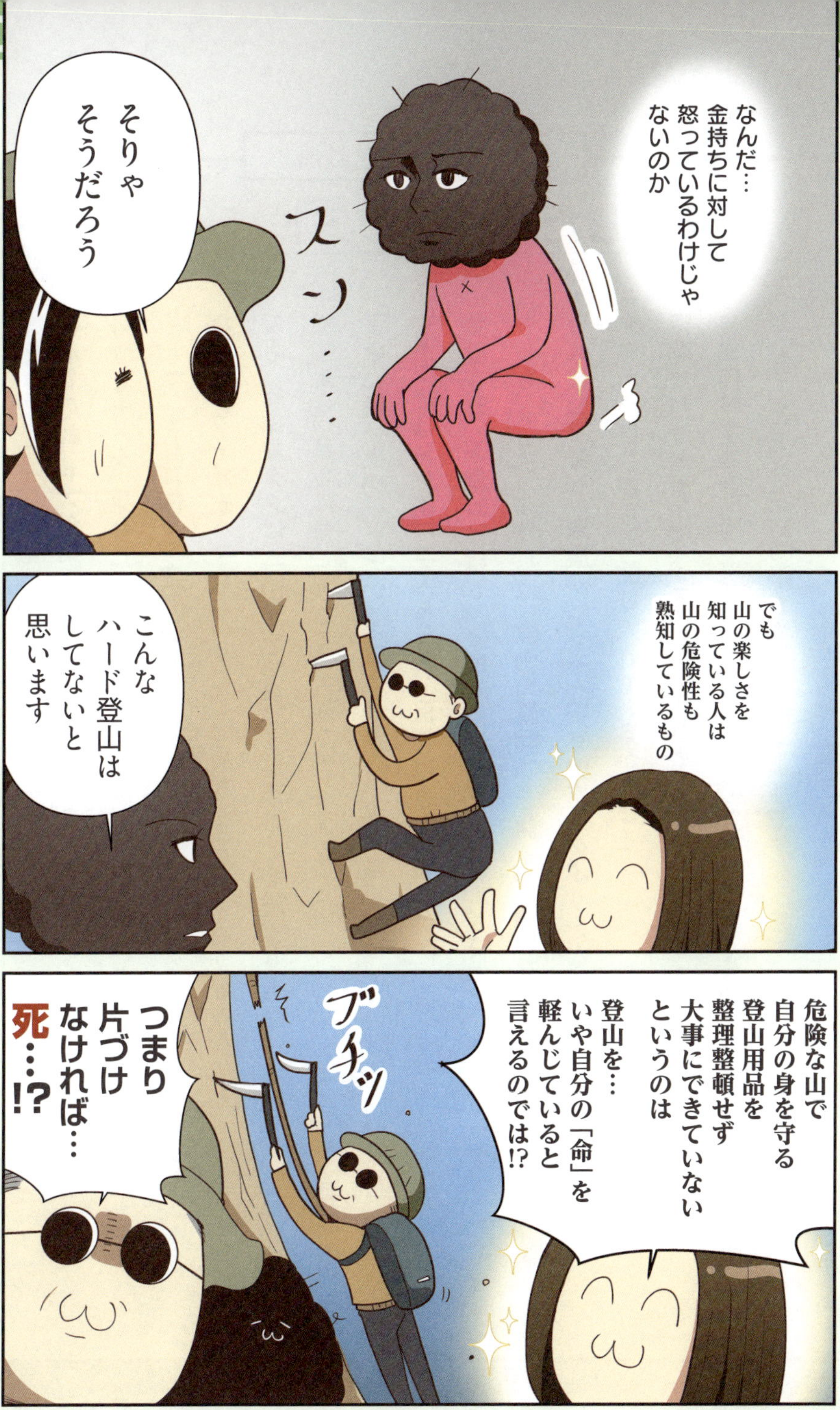
なんだ…
金持ちに対して
怒っているわけじゃ
ないのか
スン…
そりゃ
そうだろう
でも
山の楽しさを
知っている人は
山の危険性も
熟知しているもの
こんな
ハード登山は
してないと
思います
危険な山で
自分の身を守る
登山用品を
整理整頓せず
大事にできていない
というのは
登山を…
いや自分の「命」を
軽んじていると
言えるのでは!?
ブチッ
つまり
片づけ
なければ…
死…!?

迷えるオタクを救済!

やましたひでこのアドバイス

なんであれ、モノが集まるのは仕方のないこと。
好きなモノを、集めたくなるのも、増えていくのも当たり前。
そして、それに伴って空間が塞がれていくのもしょうがないこと。
なぜなら、それがハマるということであり、オタクというものだから。
でも、登山オタクは、「山が危険だ」ということを誰よりも知っています。
ですから、自らの命と同じくらい登山グッズを
丁寧に扱い大切にしているはず。つまり、道具は、
「使用後はキレイに手入れされ、保管はきちんと分類
整理され、準備時にはさっと取り出し可能な状態にされている」。
もしも、そうでなければ、登山の醍醐味を語る資格はないですよね。
それにしても、ご家族が、ご主人の登山オタクぶりをなんだかんだと
文句をつけながらも受け入れているからこそ、
空間に対する登山グッズの総量規制〈＝ひと部屋分まで〉
お金に対する登山グッズの総量規制〈＝500万円分まで〉
という、とても甘い制限ですんでいるようです。

靴下だけでも、長距離用の厚手、低山用の薄手など用途別に多数揃えている。上の写真は、「日本百名山」ピンバッジのコレクション

南さんの
KAIZEN POINT

改善ポイント

「重要軸」と「時間軸」でふるいにかける

南さんのように「値段が高いから価値がある」「いつか役に立つ」とモノの価値に目が向くことはよくありますが、いいものだからといって次々と買っていたらキリがありません。

断捨離では、モノを選別するときに**「重要軸」と「時間軸」で〝ふるい〟にかけることが最大の肝**。2つの軸のいちばん中心部にあるのが「今の自分に必要なもの」です。

「時間軸」の〝ふるい〟にかければ、「がんばった思い出が詰まった」過去のものや、「ないと困ることを想定して買った」遠い未来のものを選択することはありません。「今必要なもの」に焦点を当てましょう。

「重要軸」と「時間軸」のふるい

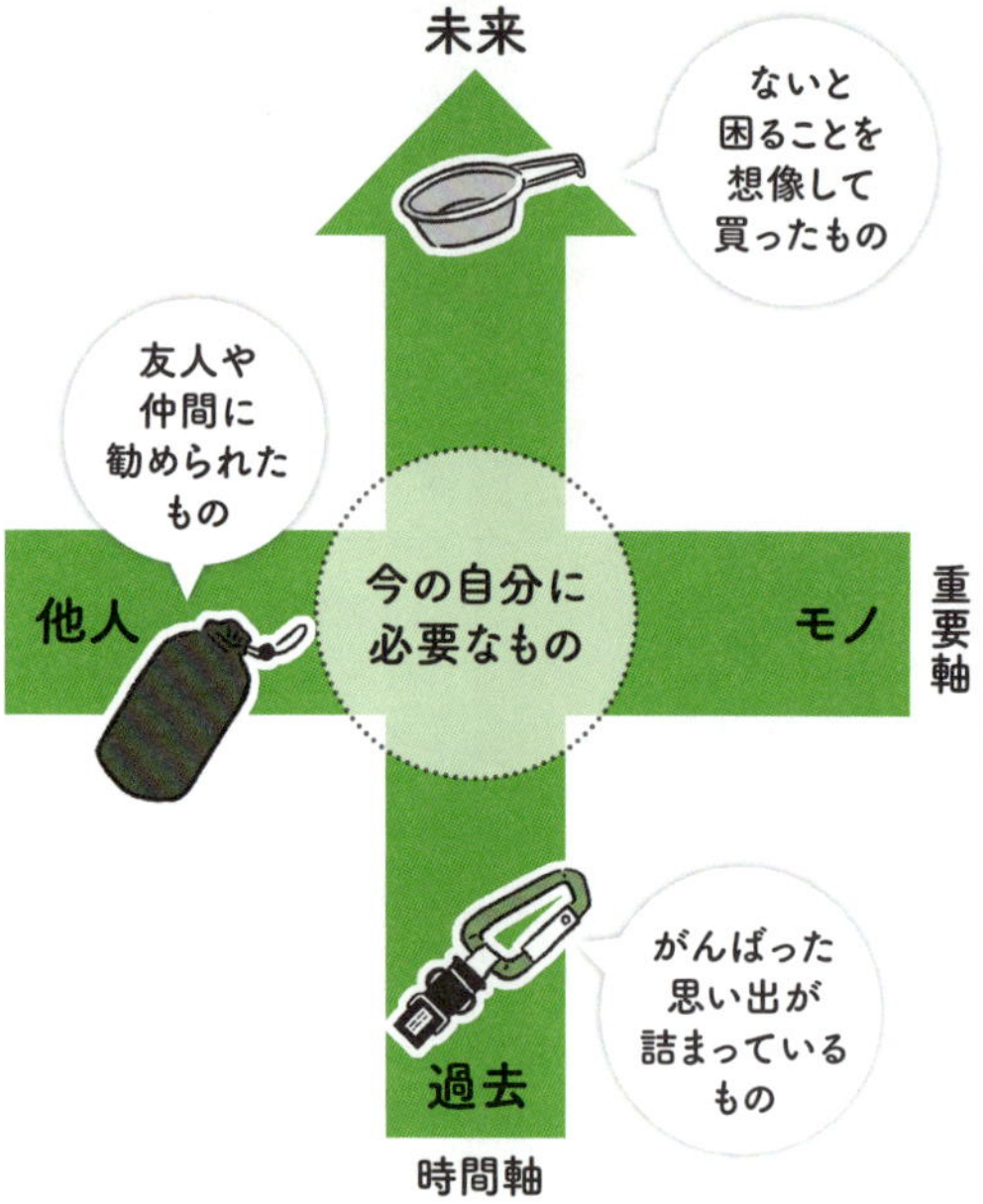

南さんのその後…

ジャンル移動しました

また、「重要軸」の基準は「自分が使いたいかどうか」がすべて。「友人や仲間に勧められたから」という他人軸が入ってしまっては、軸の中心がブレます。自分に必要なモノを選び抜くことです。

客観的な視点でモノを〝ふるい〟にかけ、今の自分に必要なものだけを選び取っていけば、**理想や目的にあった倹約ができます**し、ムダ遣いもなくなるでしょう。

ただし、断捨離が最終的に目指すのは「**ごきげんな暮らし**」です。節約自体が目的になってしまっては、せっかくの趣味も楽しめませんね。何もかもを節約するのではなく、今の自分に必要なモノの優先順位を決め、ムダを省くことこそが、**暮らしの最適化につながります**。

妻に相談すると ほぼ購入却下なので 最低限のものしか 買ってませんが 意外と不便は 感じてません
ヒッ
知
それに 長野の知人に 実家をベースキャンプ として貸して もらえることになり
予算内で百名山 制覇の道が 見えてきました！
ないならないで 創意工夫で カバーできる
偶然人から もらったりする
知
すると 「必要なモノは 必要な時に ちゃんと得られる」 という確信を持つことが できるはず
でも最近は 大谷翔平選手の応援に ハマっちゃって
登山回数は めっきり 減っちゃってます
家一軒分かけた 趣味をそんな 簡単に？
オタクの 「推し変」って そんなもんなんです
次のオタクに続く…

24歳、バイク6台を“育てる”オタク

夜道さんの困りごと

我が子のようなバイクたちを、見た目にもこだわってカスタムしてるんで♡

DATA

夜道 雪さん

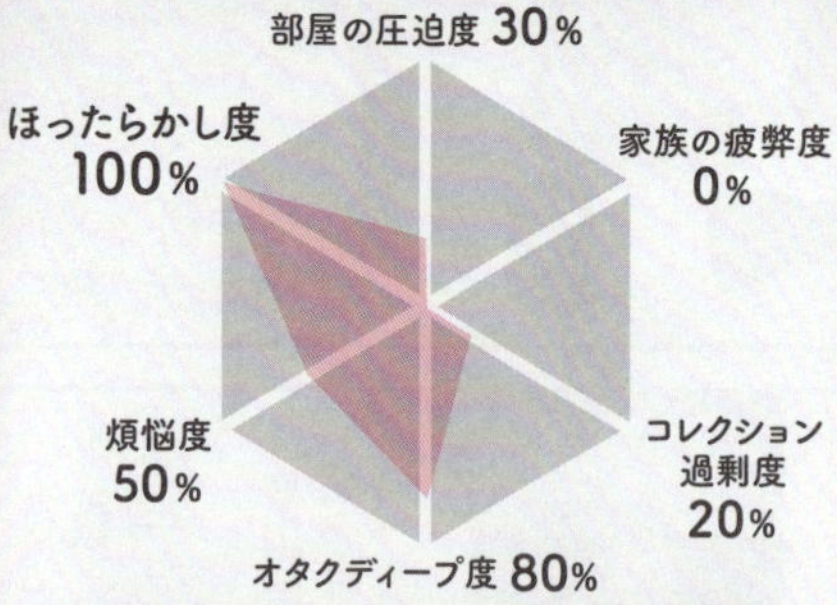

▶救済難易度：47%

ねんれい：25歳
しごと：声優・モデル・コスプレイヤー。自称「北海道の秘密兵器」

中学生時代に不登校になった経験から、自分でも活躍できそうなエンタメの世界へ。2021年、TVアニメ『スーパーカブ』でアニメ初主演。家系ラーメンが好き。

case 03

今回は
いま注目の
若手声優
夜道雪宅へ
出発《デッパツ》だ！
見ての通り
バイクオタとして
有名らしいが
バイクは外に置けば
いいんじゃね？
バイクを部屋に置いて
狭くなっているわけでは
ありません
解決
ヘルメットやウエア
バイクを自分好みに
育てるための
パーツなんかで
部屋がいっぱい
なんです
育てる？
オタクは
よく「育てる」って
言うんですよ

樹海オタの人もそこで発見した「何か」をすぐ通報せず経過観察することを「育てる」っていうらしいぜ
なんでそんなテンション下がる話をするの
現在6台のバイクを育ててます！
ママ〜
ママ〜
おそ松さんちかよ

バイク6台所持に
バイク用品部屋…
ずいぶん羽振りが
いいようだな
先生怒ってください
金持ちに
怒る企画でしたか？
RED RUM
呪
バイクのために
他は切り詰めて
ます！
ここだって事故物件で
何と都内で家賃半額の
6万円です！
そう言われても
俺は
地方住みだから
全くピンと
こねえよ…
ここから
新しい人生が
はじまる！
むしろ
俺の結婚後の
新築新居の家賃が
都会じゃ事故物件と
同額なんだな

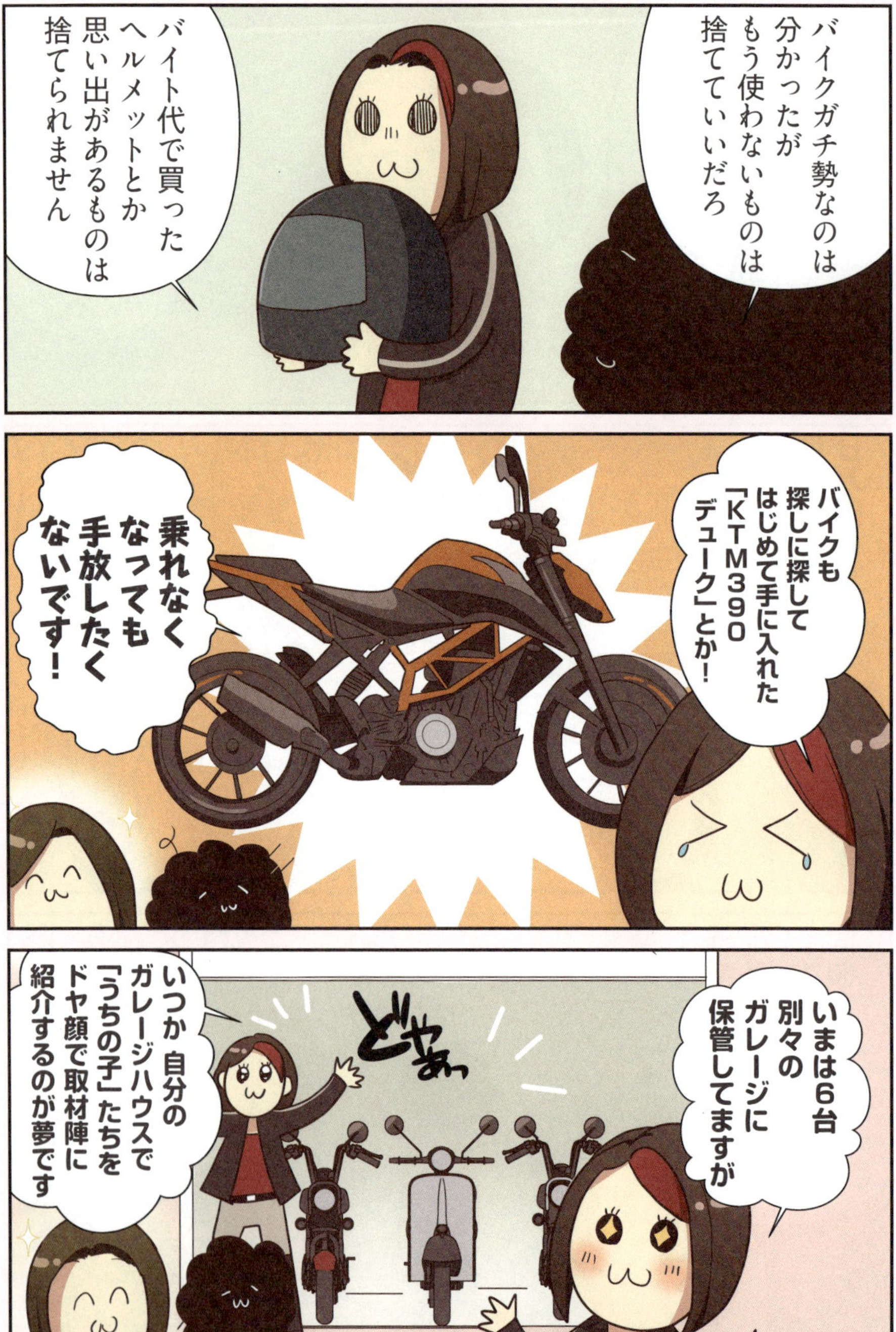
バイクガチ勢なのは分かったがもう使わないものは捨てていいだろ
バイト代で買ったヘルメットとか思い出があるものは捨てられません
バイクも探しに探してはじめて手に入れた「KTM390デューク」とか！
乗れなくなっても手放したくないです！
いまは6台別々のガレージに保管してますが
どやぁっ
いつか自分のガレージハウスで「うちの子」たちをドヤ顔で取材陣に紹介するのが夢です

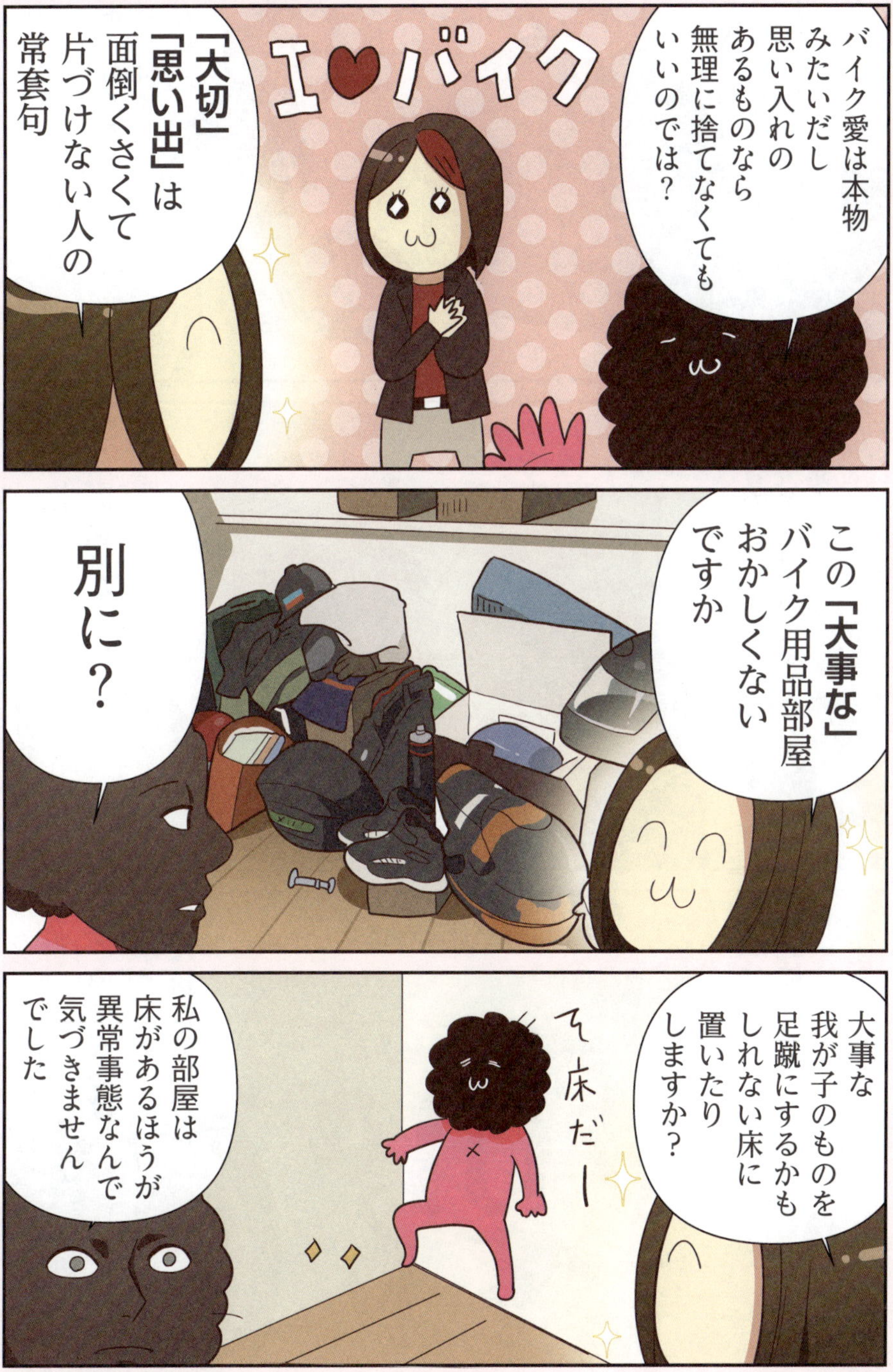
バイク愛は本物みたいだし思い入れのあるものなら無理に捨てなくてもいいのでは？
I♥バイク
「大切」「思い出」は面倒くさくて片づけない人の常套句
この「大事な」バイク用品部屋おかしくないですか
別に？
大事な我が子のものを足蹴にするかもしれない床に置いたりしますか？
床だー
私の部屋は床があるほうが異常事態なんで気づきませんでした

それに ここにあるもの 結構汚れたまま ですよね？
む 虫がついたままに なっている
ここは 大事な我が子の 部屋ではなく
汚れて 片づけたくないものを 見て見ぬフリするために 放り込んでおく 虐待&ネグレクト部屋
このままでは 我が子の 反抗にあい
夜道雪 謎のバイク爆発！
ちゅど〜ん
ガーン
自宅ガレージの 夢はついえる でしょう！

迷えるオタクを救済!

やましたひでこのアドバイス

「6台のバイクを子どもを育てるようにして大切に所有している」とは言うものの。

そう、「大切」という言葉がいくつか登場するけれど。

その実態はといえば。

「汚れているからあまり整理したくない」

「床にグッズを転がしている」など。

これは、どう見ても「大切」とは真逆の状態であり行為。

6人の「バイクという子どもたち」にしていることは、育児放棄どころか、ネグレクトという虐待と判断されても仕方ないでしょう。

もしかしたら、「大切に所有している」というのは勝手な自分の思い込みだけなのかも。

だとしたら、何十年後かに「ロマンが詰まったかっこいいガレージハウス」で取材陣を前に「ドヤ顔で写真に収まる」というその夢は、子どもたちからの激しい反発・反抗の挙げ句についえる可能性だってあるかもしれないですね。

車種によって乗り心地が違うことが面白く、ついつい手を伸ばしてしまい、気づいたら台数が増えていた

改善ポイント

あなたの溜め込みは何型？

「捨てられない…」「片づけられない…」と嘆く人のタイプには、次の3つがあります。

現実逃避型 … 多忙で家にいる時間が少ないため、部屋の片づけは二の次。家に不満があり、家にいたくないから忙しくするケースも多い。モノ自体にそれほど執着はなく、片づけ始めると迷いがない。口グセは「面倒くさい」。

過去執着型 … 過去のアルバムや手紙などを大事に保管している。そこには、過去の自

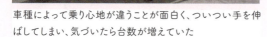

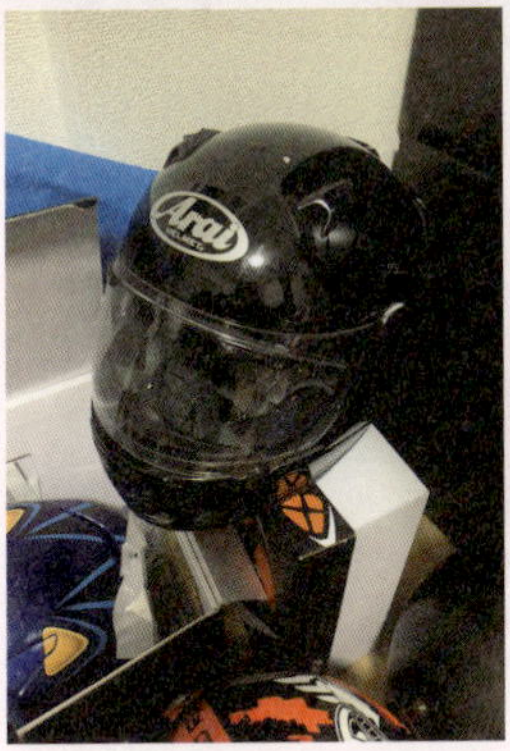

「バイク部屋」と呼ぶ6畳間には棚がなく、グッズを床に転がしている状態。見た目と乗り心地にこだわってカスタムするので、マフラーなどのパーツもゴロゴロ。グローブが片方だけ見つからないことも多々ある

分やかつての幸せな時代へのこだわりが隠されていることも少なくないよう。口グセは「もったいない」。

未来不安型…「いつかまた使おう」「これがないと心配」と、未来への不安に投資。3つの中でいちばん多いのが、このタイプ。口グセは「いつか使うかも」。

どれかにくっきり分かれるというより、3つの要素は誰の心の中にも混在しています。仕事で忙しい夜道さんは「現実逃避型」が強いタイプ。断捨離に使える時間は限られているはずです。「今日は15分だけ、ヘルメットを整理しよう」など、片づけるモノや場所を区切れば、時間をやりくりしながら継続しやすくなるでしょう。このように、自分のタ

捨てられない・片づけられない人への
3つのメッセージ

未来不安型

いざ必要になった時、必ず手に入るようになるという断捨離の考え方です

現実逃避型

「今が断捨離の時間」と、まずは覚悟を決めてしまいましょう!

過去執着型

持っている理由を思い出せないモノはないですか?

イプを知っておくとモノの片づけを進めやすくなります。「過去執着型」「未来不安型」は、「今、ここで、自分に必要なもの」に絞ってモノを片づけることが大切です。

「床などの水平面にモノを置かないこと」も、断捨離で意識したいことのひとつ。部屋に合ったサイズの棚を設置し、床に置かれたバイクグッズを収納するだけでも、清々しい空間に仕上がるかもしれません。

夜道さんのその後…

業者に依頼してバイクグッズを処分しました

事故物件の割引期間終了を機に引っ越し
その時業者に頼んでバイクグッズはかなり処分しました
家のモノ全部ひっくり返したところで力尽きてさらに散らかる事ってよくあるよね
業者を呼べ
…とは よく言われる
思い出と言いつつもネグレクト状態だったので今考えると大事にするべきものが見えていなかったです
LOVE
「これは必要」「こっちは必要ない」と考えているうちに、今持っているものを大事にしようと思えるようになりました
モノが多ければ多いほどどうしても扱いが雑になりますが
モノを絞り込んでいけばいくほど不思議と今ここにあるモノを慈しむ心が芽生えてきます
処分が大変すぎたおかげで「バイクグッズはこれ以上持ちたくない」と思うようになりました
コワイ
トラウマになってるじゃん

次のオタクに続く…

case 04 推しとの「突然の別れ」を経験したオタク

岡山さんの困りごと

死んだはずの推しが部屋の中にはいて、こんなの耐えられません…

DATA

岡山さん

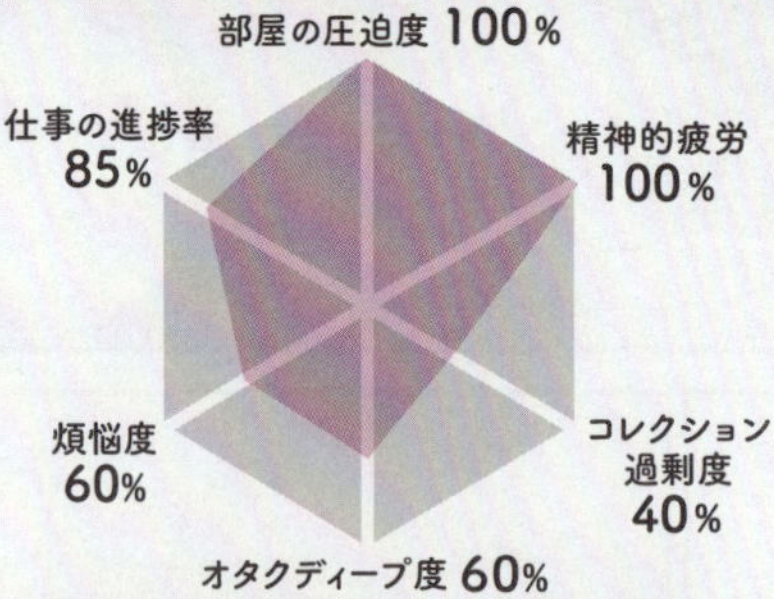

▶救済難易度：74％

ねんれい：30代
しごと：インパクトあるCMで有名な大手のグループ会社に勤務

多忙な仕事のストレスから、わずかな自分の時間を"通販"というお金で簡単に買える快楽につぎ込んだ。観音開きの棚に収められた推しグッズは、まさに"観音様"のような存在。

えー今回は某キャラクターにハマってグッズを買いあさってしまったという…
どこにでもいるオタク女の部屋です

おん？

確かに
そこかしこに
オタグッズが
あるのは
分かるが
汚部屋では
ない？
いや！
あれを
見てください！
オタグッズ棚を
隠している布が
ハイブランド！
PRODA
しゃら
くせえええ
汚部屋に
なりましたね！
オボロロ
この部屋の
ヌシの岡山です！
実は
担当編集の妹
だったりします

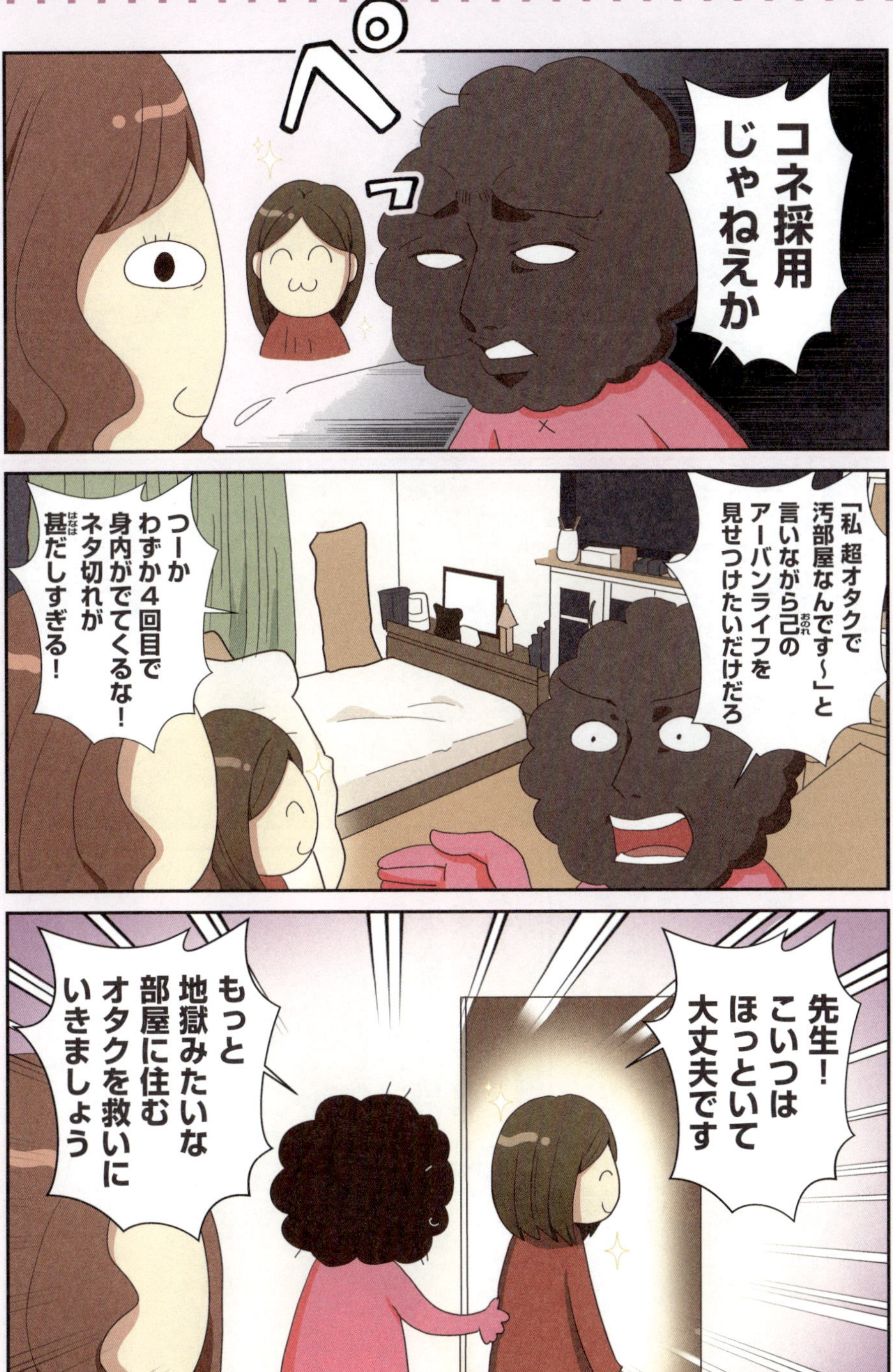
ペ
コネ採用じゃねえか
「私 超オタクで汚部屋なんです〜」と言いながら己《おのれ》のアーバンライフを見せつけたいだけだろ
つーかわずか4回目で身内がでてくるな! ネタ切れが甚《はなは》だしすぎる!
先生! こいつはほっといて大丈夫です
もっと地獄みたいな部屋に住むオタクを救いにいきましょう

断捨離とはそんなに底が浅いものなのか!?

挑みかかってきた!?

ただモノを捨てて部屋が片づくのが断捨離ではないでしょう!

私はモノを片づけることにより「心」を整理したいんです!

この部屋にあるグッズをよく見ろ!

このキャラは某大人気少年漫画の某大人気キャラじゃないか
えーこの件を詳しく説明するのは危険なので彼女は「愛する人が突然いなくなってとてもつらい」と解釈してください
はい

元々 私は グッズを集めるタイプの オタクではなかったんです
仕事柄 アクスタとかの 原価がどれだけ 安いかも 知ってました から
原価 ●円
しかし仕事が多忙になる中 彼のグッズ集めが かけがえのない趣味と癒しに なっていったんです…
生臭い話を挟むな！
でも彼がいなくなった今 グッズを見ると 在りし日の彼のことを 思い出し 部屋にいることさえ 辛い…
アクスタ 120体
グッズが増えすぎて 片づけなければと 思っていたのも事実…
クリアファイル 500枚
缶バッヂ ファイル
しかしグッズを片づけた からといって 心の整理までつくのか… 一体私はどうしたら…
私やましたひでこが なんとかできる 問題ではありません
投げたー!?
さじ
あぁ…
そんな… いつものように ビシッと言って ください
まあ 逆に 考えてみろ

毎回オタクが先生に論破されて心を入れ替える話なんて不自然だろ
それこそオタクってのはそんなに薄っぺらいものなのかと思われちまう
ドーン！
ヒェ〜
時には先生の方が言葉を失うオタクの「お気持ち」を見せつけてやるべきだ
というわけで初白星だ！よくやった！
勝ちたくて呼んだわけじゃねーよ！
喪失感は他者がとやかく言って慰められるものでもなくまた励ますことも無意味
丁寧に「俺にできることはない」と説明してくれている！
本人がどっぷりとそれに浸り味わうしかなく味わい尽くしてこそ浮上の機会が訪れるもの
もしかしたらその浮上はずっとやってこないのかもしれませんけどね
「何の意味もないかもしれんがとりあえず苦しみ抜け」何て忖度のないアドバイスなんだ！

迷えるオタクを救済！

やましたひでこのアドバイス

ああ、私がなんとかできる問題ではありません。
「大切な存在」が死んでしまった！ということは、大きな喪失感。
他者がとやかく言って慰められるものでもなく、
また励ますことも無意味。
本人がどっぷりとそれに浸り味わうしかなく、
味わい尽くしてこそ、浮上の機会が訪れるもの。
いえ、もしかして、その浮上はずっとやってこないのかもしれない。
恋人を失う　配偶者を失う　親を失う　子を失う
仏教でいうところの「愛別離苦《あいべつりく》」で四苦八苦のひとつですからね。
愛する存在と別れ離れなくてはならない不条理な苦しみ。
これは決して癒えることはないものなのでしょう。
でも、だからこそ思うのです。
もう一つの四苦八苦「怨憎会苦《おんぞうえく》」、即ち、怨み憎む者に会う苦しみ、
これも逃れられないことではあるけれど、少なくとも
「怨み憎むモノ」は自分で断捨離することが可能です。

岡山さんの KAIZEN POINT

改善ポイント

「要・適・快」でモノを選び抜く

「日々、〝捨てる〟トレーニングを重ねていれば、ここ一番の苦悩である老いや病、死も引き受けられるでしょう」

これは、僧侶であり宗教学者でもある方の言葉です。

私たちの最後に待ち受けるのは、〝死〟という名の肉体の断捨離。つまり断捨離とは、究極を言えば、**自身や大切な人とのお別れを受け入れるためのトレーニングでもあるのです。**

推しと高級ブランドが混在する棚。姉曰く、「妹は好きなことに熱中できるタイプ。そこが長所だけど、愛情が時に暴走する」

いつかやってくるその時のために、今の自分にとって「不要・不適・不快」なモノを手放し、捨てるトレーニングを重ねていきましょう。
具体的には「これは今の私にとって必要か？ふさわしいか？　心地よいか？」と自分に問いかけることです。知性・感性・感覚を総動員させ、モノを手放していきます。

不要なモノ…まだ置いておけるけど、なくても困らないモノ

不適なモノ…かつては大切だったけれど、今の自分には合わないモノ

不快なモノ…長年置いているけれど、違和感を覚えるモノ

岡山さんはまさに悲しいお別れを経験したばか

どんどん増えるアクスタや缶バッジ。ここまでハマったのは人生初。恥じらいがあり、コレクションの実態をオタ友にも伝えられていない

りのようですね。今はどうか、素直な感情を押し込めず、喪失感を味わい尽くすことができますように。浮上するのは、それからです。

「要・適・快」でモノを絞り込んでいくと、手元にあるモノをとことん慈しむ気持ちが湧いてきます。大切な推しを過ぎ去った思い出として慈しむ日も、遠からず、やってくるはずです。

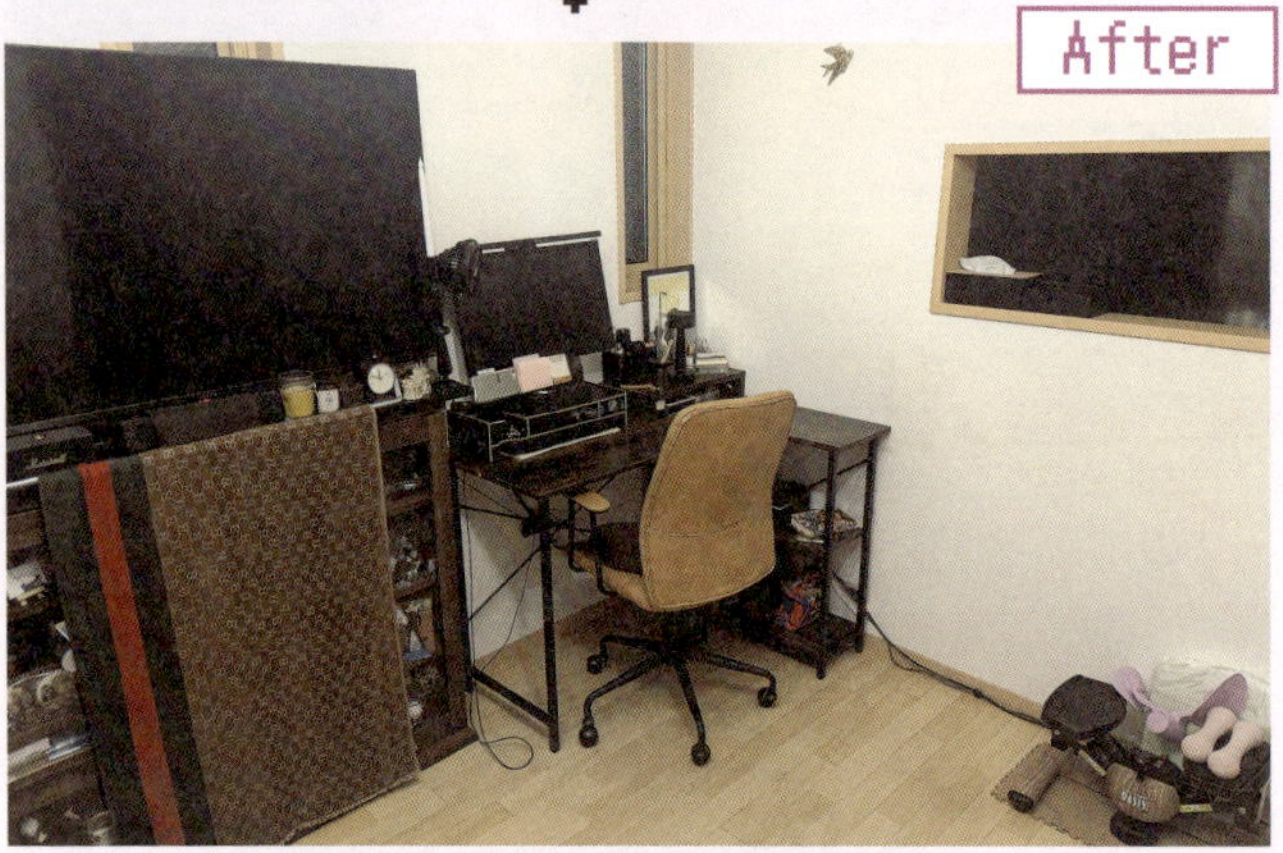

断捨離に目覚めた岡山さんは、推しグッズを大幅に手放し、本棚を撤去。残したグッズも目に入らない場所に移動させたとか

岡山さんのその後…

グッズ棚が2つから1つに減った!

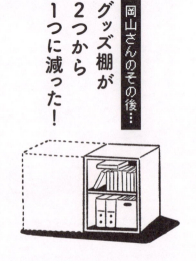

断捨離のやり方を教えてくれるわけじゃないんだってビックリしました
今はただ悲しめ…
マジでかける言葉がない雰囲気だったんだよ…
実はその後父が亡くなりまして
さらにかける言葉に困る話が…
父の遺品のリアル断捨離により「別れの悲しみを乗り越えることも断捨離」「その後は浮上するのみ」と強く実感してあの時の先生の言葉も腑に落ちました
「彼」のグッズも大量処分
彼との思ひ出
残ったグッズも新しい棚に入れ目に入らないところに遠ざけ
思い出に浸る時間も減りました
空いたスペースに健康グッズを置いてリフレッシュしてます
悲しみを味わい尽くし新しい一歩を踏み出せたなら何より
…万が一これだけはというグッズが出たら「棚に納まるならOK」というルールで買おうと思います
死んでも新しいグッズが出続けたりするのが二次元キャラの良いところでもあり悪いところでもあるな

次のオタクに続く…

case 05

Tシャツが増え続ける家に住むオタクの妻

小林さんの困りごと

家にあるのは
300枚くらいかな?
夫が作るTシャツは人を
幸せにするんですよ

DATA

小林リカさん

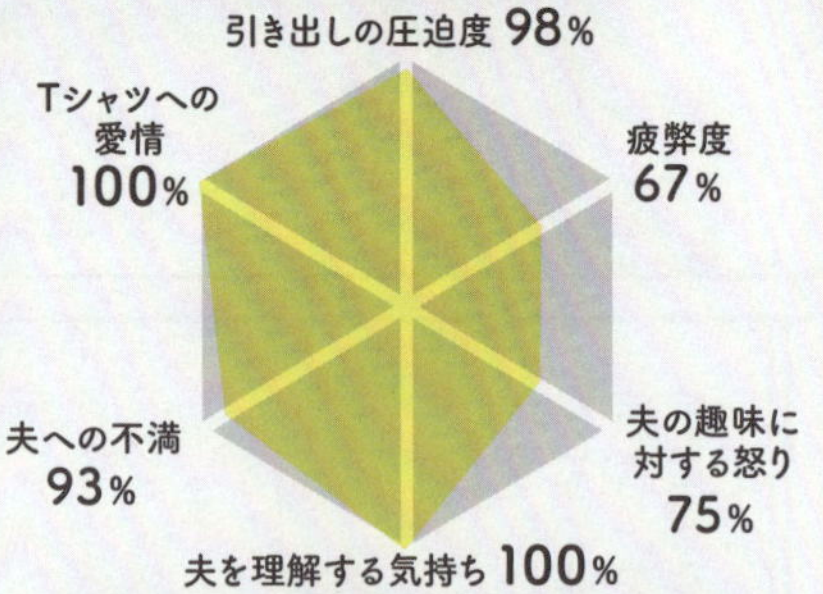

▶救済難易度：89%

ねんれい：50代
し ご と：夫が経営するネットショップ「マニアパレル」の管理人

夫婦になってから早30年。「好きなモノにアンサーを出すのがオタクの使命」といってTシャツを作り続ける夫を見守り続けている。お気に入りの1枚は「昇り龍」。

今回の
オタクは…
どうやら我々は同じオタクの家を訪問し続ける無限ループに入ったようです
ドドーンッ
今流行《はや》りのやつですね
実は夫は漫画だけではなくTシャツマニアでもあるんです他にもダムマニア…団地マニア…
ダム
どれか1つにしようぜ

夫はデザイナーでオリジナルTシャツをECサイトで受注販売をしているので
mani appa rel
必然的に家がTシャツなど衣類だらけに
私は漫画家だけど家に漫画ほとんどないぞ
むしろ漫画家になったせいで漫画を見るのが嫌になった
オエ
呪猫廻猫
進撃の巨猫
Tシャツを仕事にして家もTシャツだらけとかマゾすぎるよ
※個人の見解
Tシャツは箪笥《たんす》引き出し5つ押し入れの引き出し季節替え用の茶箱旅行用スーツケース1つ今回箪笥引き出し分を数えると250枚
他もいれると300枚
あと帽子とかぬいぐるみとかもたくさんあります

その前に この「変な間取り」は なんだよ
ぼうし
ガラス
風呂
本
映画化 ねらってんのか?
実は 団地を自分で リノベーション しまして
部屋の中央に 3面ガラス張りの バスルームがあって そこに帽子を かけてます
なんというか 謳歌しとるね
人生
思わず 倒置法が 出るほどに

好きなことを
仕事にして
自分好みの家で
好きなものに
囲まれた生活
鬼猫の刃
うどん
そば
幸せじゃないか
しかしその幸せが
家族の不幸の上に
なりたっているのは
駄目だ
正直妻は
この状況と
夫をどう思って
いるのか！
「収集」は
整理整頓が
できる人の
特権！
できないなら
博物館でも
作ってそこに
収納してほしい
無理だろ

理想をいえば 屋根裏とか 床下収納とか あればいいんですけど
天井
床下
この期に及んで 捨てるんじゃなくて 「収納」が理想なんだ…
夫はサメみたいに モノを作り続けないと 死ぬ人だし
夫の作るものは お客さんを幸せにしてる みたいですしね…
小林家は 妻が夫の趣味や 生き方に 肯定的なのが 逆にやりづらいな
モノを愛でる派 空間を味わう派 嗜好も 志向も 生活も 人生も それぞれの自由な選択
負
それによって被る 負の部分も潔く 引き受ける覚悟を

私はもちろん 空間派！故にモノを選び抜く「せめぎ合い」モノを捨てる「後ろめたさ」を引き受けている日々
先生もモノを捨てるのに悩んだり苦しんでるんですね
ゴミ
モノを愛でる人生を選んだなら
なんかせまいけどいいか
モノによる混乱は受けいれましょう
そしてモノを愛でる夫を受け入れるならその負の部分も引き受けましょう！
仕方ない
モノではなく「愚痴」を断捨離!?

迷えるオタクを救済！

やましたひでこのアドバイス

モノを愛でる派

空間を味わう派

嗜好も、志向も、生活も、人生も、それぞれの自由な選択。

沢山の趣味、オタクという人生を選択したのならば、

それによって被る負の部分も潔く引き受ける覚悟を。

家の中の混乱を愚痴ることこそ、断捨離を！

やましたひでこは、当然、空間派

スッキリ空間

ピカピカ空間

うっとり空間

それを目指しているからこそ、常に、モノを選び抜く「せめぎ合い」、モノを捨てる「後ろめたさ」を引き受けている日々。

タメコミアンであれ、ダンシャリアンであれ、正負はそれぞれにあるのです。

美しく片づいているが、モノの種類も量も多い小林家。この部屋で、月3回ほど届く新作Tシャツを受け取るのがリカさんの仕事

改善ポイント

「7・5・1の法則」でモノの量を決める

夫がデザインしたTシャツは思い出品であり、服のストックでもあり、さまざまな想いが込められているのでしょう。それにしても、二人暮らしで300枚は多すぎるかもしれませんね。

収納を工夫したいというリカさんに、収納のガイドラインである**「7・5・1の法則」**を紹介します。

ここで伝えるのは、収納する時のモノの量の目安です。

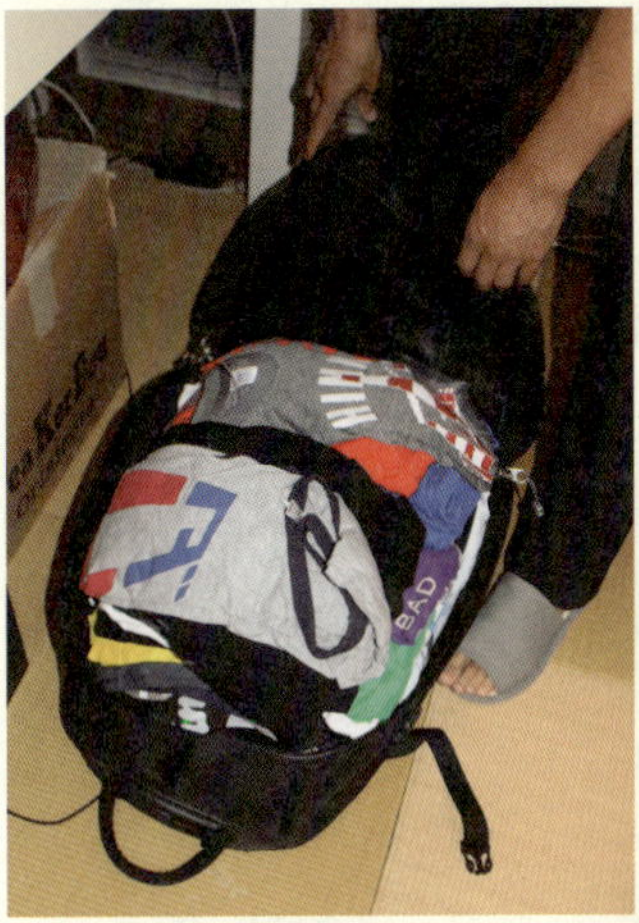

Tシャツの柄は昇り龍、しんかい、ダム看板、暗渠など。新作が出る度に買う人、子どもの成長にあわせて買い直す人など熱狂的なファンは多い

「見えない収納」は7割

クローゼットや引き出しにしまう量は7割が目安。ギュウギュウに詰まっていては、奥のモノが取り出しにくく、持っているのに活用できない…という状況に陥りがち。モノの通り道を作ってあげましょう。

「見える収納」は5割

棚やラックはモノが常に見える状態なので、美観を保った状態で収納します。そのための「美的限界量」が5割なのです。

「見せる収納」は1割

イメージは、広い空間に絵画が1点だけ飾られたギャラリー。ワンポイントの気持ちで飾れば、日常的な雑貨が立派な装飾品になります。

あらゆる趣味のモノが同居する部屋。モノは多いが、収納力は高いと言える。趣味のTシャツを自分たちも着用できるのは役得だが、「年中Tシャツだけで過ごせる訳ではないですから」とリカさん。

「残すモノ」にスポットを当ててみましょう。「この引き出しには10枚残せる」という場合、自ずと「お気に入りの10枚」を選ぶことになります。それによって味わえるのは、モノを選び抜くおもしろさ。オタクにとって、好きなモノを手放すのは苦行と言えるでしょう。けれども、厳選した10枚を収めた引き出しを眺めるのは至福の時。一度経験したら、手放せない時間になるかもしれません。

モノの量を決め、モノを吟味して、美的空間を創造することの楽しみを見出してみませんか？

リカさんのその後…

訪問客に1枚ずつ、Tシャツのお土産を！

先生から
「断捨離すべきは愚痴」と
指摘を受けまして…
愚痴
確かに
侵食→混乱→愚痴
のループに
陥ってました…
ぐち
ぐち
ぐち
ぐち
不平不満愚痴を
捨てるのはモノを
捨てるより難しいよな
そこから抜け出すには
やはり整理整頓
最近はうちに来た人に
漫画だけではなく
Tシャツを1枚持って
帰ってもらったりしています
もってけ
ヨシゲッ!!
今小林家に行けば
漫画とTシャツ
もらえるぞー!
Tシャツを作る
オタクならば
作ったTシャツが
出来上がった時点でその
役割を果たしているはず
それを人にあげるのは
いいアイディアですね
他にも夫抜きで
片づける方法を
日々模索中です
引っこし
週一 2キロ
処分
ついに夫を
片づけ戦力から
断捨離?

次のオタクに続く…

case 06

トラック3台分の軍装品を抱えるオタクの終活

牛島さんの困りごと

病気になった今は、家族こそが我が人生。家族の幸せが最後の望み…

DATA

牛島 えっさいさん

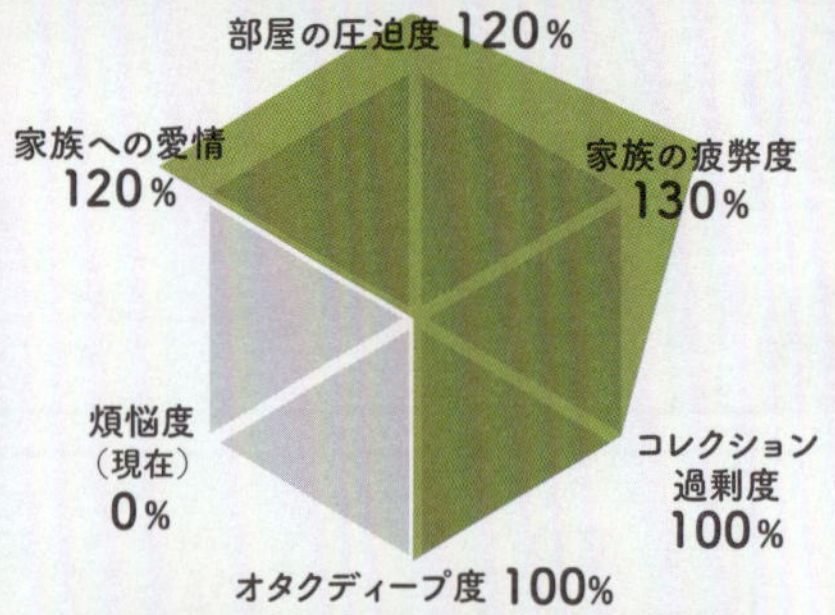

▶救済難易度：95%

ねんれい：50代
しごと：コスプレ研究家・評論家

軍装品や民族衣装の収集は、小学生でプラモデルの人形にハマったのがきっかけ。2年前に心筋梗塞を発症。2回目に入院した時、家族のためにも終活を決意した。パンクロックバンド「THE WILLARD」のファン。

今回のオタは「終活」…のために断捨離したいらしいですよ
実は拙者バキバキの他社で終活がテーマのマンガを描いてましてね
今回は何のオタさんでしょうか
これは…存在だけは知っているけどあまり近くにはいない
軍オタ!?

軍オタだけあってヘル○ングのコスとはやるなあ
でも何か赤くない？
これはオー○ティンパ○ーズのコスプレです
軍関係ねえ
集めているのは軍装品に古書にCDやDVD
コスプレも好きでコスプレ衣装も多いです
DVD
特に自慢なのが英語でやりとりして手に入れたドイツ軍○○隊の帽子
特に好きなのは○○○勃興期の品
悪いがそれは多分描けない奴だ

まだ趣味への情熱はありそうなのになぜ断捨離を？
私はすでに55歳 心筋梗塞で3回倒れた経験もあり… 残される家族のため終活をしようかと
あと息子が引っ越してくる予定があるので部屋を空けたい
ドコに住めと
子
今は人一人入れない状態なんだな？
やってはいますがなかなか片づかないんです

軍オタというより
ダンボールオタ
なのでは
ろう下をふさぐダンボール
かなり強火の
ダンオタですね
この家に
引っ越した時
衣装ケース30個
ダンボール350個を
トラック3台で
運んできました
×350
×3
むしろ
それだけのものが
入りきったのが
すごい
今は
不要品と必要な
ものに分けて
不要なものは
オークション
必要なものはいずれ
研究所などにと
考えています
いる
いらない
この終活により
衣装ケースが4つ
ダンボールが
2つ空きました

※「すべてのものは因縁によって生じており、不変の実体である我は存在しない」という意味の仏教用語。

私はとにかく部屋を空けたい
正直夫のコレクションには反対です
妻
家族キレてるじゃん
妻が顔を出さないパターンはまずい
小林家
南家
妻
家族系ユーチューバーも配偶者が顔出しを拒んでいる場合後に離婚する率が高い気がする
※個人の見解
結局 家族のための終活といいながら
妻
やっていることは自分のためのグッズ選別作業でしかないから一向に片づかない
必要!!
家族のための終活なら家族の希望通り捨てる!
家
族
個人の断捨離なら「俺の人生のために俺の必要なものは捨てない」方針もあり! どっちかにしよう!

迷えるオタクを救済！

やましたひでこのアドバイス

モノにどれだけの商品価値があろうと、なかろうと、
モノとの関係はご当人とモノとの間でしか成立しえません。
モノの価値は、それぞれの所有者の感情価値でしか測れない。

諸法無我

であるならば、どんなモノであれ、モノはその人の生活の残骸、
人生の残骸でしかありません。

終活とは、この「残骸である」という
事実に気づくための行為と言えるでしょう。

言い換えるならば、終活とは、その夥《おびただ》しい残骸の中から
自分が「伝え残したい思いの象徴」であるモノを発掘して大切な人に託す行為。

だとしたら、終活という言葉が、いかに安易に使われているか分かるというもの。

どうぞ、終活ではなく断捨離を。

断捨離とは、これからをより良く生きるために、そう、
死ぬまでより良く生きるための、生きているかぎり続く果敢な挑戦であるのだから。

牛島さんの
KAIZEN POINT

改善ポイント

健全な呼吸で「生きる本能」を呼び覚ます

断捨離をすると、多くの人が「部屋の空気が変わった」「思わず深呼吸した」と言います。反対に、モノがいっぱいの空間では「息が詰まる」と感じる人が多いようです。

引っ越した直後の部屋の様子。荷物の中身は主に軍装品と古書。DVDやCD、コスプレ衣装も多い

- モノがあふれた空間で「ため息」ばかり
- 掃除が行き届かず、ホコリが舞う部屋で「息が詰まる」
- モノが多いせいで家族とバトルになり「息が合わない」と感じる

中には、海外からの業者から取り寄せた自慢の一品も。コレクション品は溜まる一方で…

それは、健全な「呼吸」ができていないからに他なりません。

健全な呼吸を取り戻すには、まず吐くこと。生理学でも、意識して深く「吐く」ことが内臓系の働きを高めると言われ、それは「生きる本能」を呼び覚まします。

モノを、出して、出して、出す…。息を取り込むのは、その後です。

牛島さんの部屋は、モノの多さによって家族の絆が断たれてしまっているようですね。今の自分にとって家族が生きがいであるならば、モノを出し、部屋や自分自身の「生きる本能」を呼び覚ますことです。モノを出しきって深呼吸できた時に初めて、穏やかな家族の絆を

中学2年から始まり、収集歴は40年余。世界に数点しかないレアものを仲間と競いながら買いあさった。「お宝探しの感覚が楽しかった」

取り戻すことができるでしょう。

「人生に悔いはつきもの」と言いますが、せめて悔いのないように「生きる」のが終活ではないかと思うのです。

命が尽きて家族の関係性が絶たれてしまえば、その人が残したモノたちは残骸でしかありません。家族のために残せるモノはほんのわずかであるはず。

人生の終わりを意識できた今だからこそ、断捨離を。そして、どうか悔いのない終活を。

牛島さんのその後…

ダンボールの山がなくなり、風通しが良くなった！

やました先生の言葉を受け
終活と断捨離はちがう
やはり家族と仲良く暮らすのが大事と痛感しました
オークションに出したりフリマ業者に委託したり
メルニャり
ニャフオク
コレクションの整理は少しずつ進んでいます
全て捨てても良かったのかもしれませんが貴重な物は後世に残すのもコレクターの使命かと
あとはたのんだ
次世代軍オタ
イエサー
確かにコレクターの死後価値が分からない遺族により貴重品がゴミとして処分されてしまうのはよくある話だ
断捨離により部屋が広くなり日当たりと風通しが良くなり生活が楽になりました
そう断捨離が最終的に目指すのは「暮らしの最適化（ごきげんな暮らし）」
以前の取材からダンボール8個衣装ケース2個を整理しあと15個ぐらいで息子が暮らせる部屋ができそうです！
先は長り
メッチャ減ったように感じるが350個からのスタートだしな…

次のオタクに続く…

いつまでも同棲できない全方位モンスターオタク

case 07

兎野さんの困りごと

捨てられるものは捨てたんですけど、モノが減らないんですよね…

DATA

兎野さん（仮名）

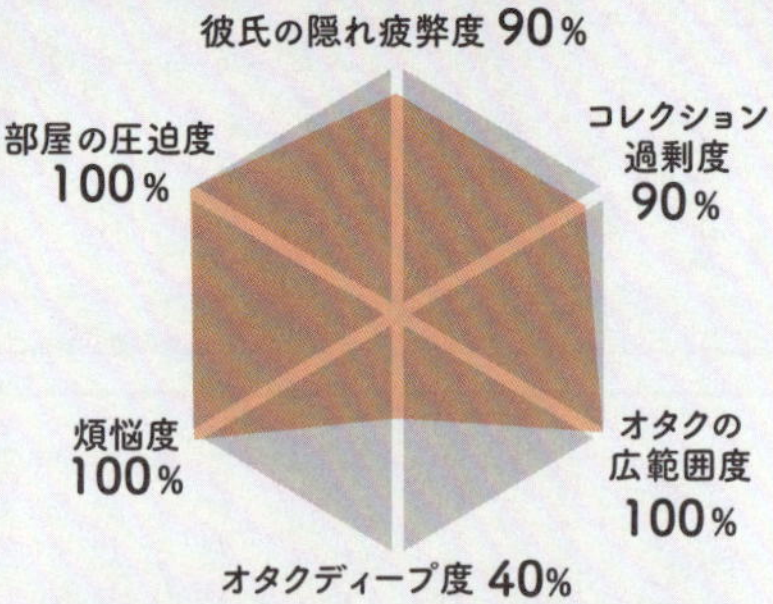

▶救済難易度：87%

ねんれい：30代
しごと：編集業

趣味は漫画、音楽、映像など幅広く、すべてに全力。衝動買いをおそれて3日は悩むようにしているが、3日経っても想いは変わらず、同じ熱量でずっと欲しいのでモノが増える一方。趣味は手芸と料理。

何ごとも頭ごなしに否定しないやました先生ですが
たまには我を忘れてキレ散らかしたいですよね？
そんなことは…

そんな先生のために
今回は「ヤリがい」のある部屋をご用意しました

これはオタクの部屋というより
ただの汚…
いや汚部屋というわけではありません
汚部屋というのは「ゴミ」で構成されてるんです
「いつ新しい生命体が爆誕してもおかしくない」というハラハラ感がある
ニャ王
ポテツ
この部屋は「モノ」で構成されていてその緊張感がない
ただのモノが多くて片づけられないオタクの部屋です
詳しいですね
私は「ホンモノ」ですから

しかし マジでモノが 多すぎて 何オタなのか すらわからん
YOUは 一体何オタク？
全方位 オタクです
属性の時点で 散らかってる じゃねえか
北
東
西
南
漫画や 音楽 服も 好きですし
最近は 某キャラグッズの 収集もしてます
マンガ
CD
はまったジャンルの グッズは集めないと 気が済まない…
二度と手に入らない かもと思ったら 捨てられないを 繰り返していたら こんなことに

捨てて後悔しそうならそのままにするしかないだろう
あきらメロン
でもそろそろ彼氏と同棲を考えていて
彼氏に片づけろと言われたのか
ガラッ
彼
彼氏は「理解」を示してくれてるんですが
人には得手不得手があるし
彼
ばたーん
「諦観《ていかん》」では
部屋を片づけるためには部屋を塞ぐスーツケースをどかすためにスーツケースの中身を片づけなければ…
ボスがいるダンジョンの門番すら倒せてない状態だな
先生どうですかこれ

ちょっとー
やました先生
泣いちゃった
じゃん！
捨てたくないなら
捨てなくて良し！
しかし
この部屋には
モノを
慈しむ気持ち
愛でる気持ちが
ひとかけらも
感じられない
ジカソフ
ジカソフ
ジン
そして
なによりも
ご自分を
慈しむ気持ちが
全くない！

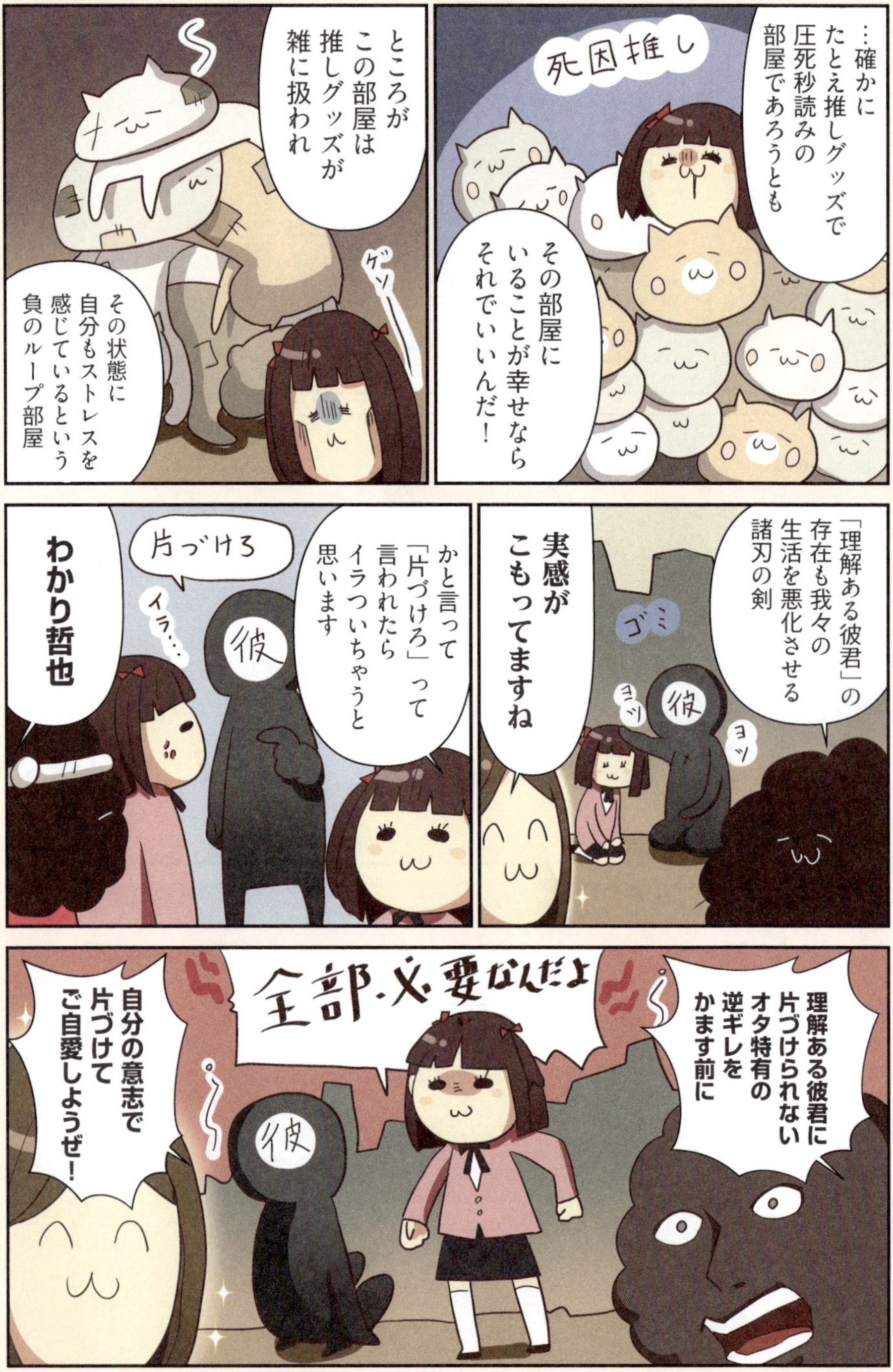
…確かに
たとえ推しグッズで
圧死秒読みの
部屋であろうとも
死因推し
その部屋に
いることが幸せなら
それでいいんだ！
ところが
この部屋は
推しグッズが
雑に扱われ
ゲソ…
その状態に
自分もストレスを
感じているという
負のループ部屋
「理解ある彼君」の
存在も我々の
生活を悪化させる
諸刃の剣
ゴミ
ヨシ
彼
ヨシ
実感が
こもってますね
かと言って
「片づけろ」って
言われたら
イラついちゃうと
思います
片づけろ
イラ…
彼
わかり哲也
理解ある彼君に
片づけられない
オタ特有の
逆ギレを
かます前に
全部必要なんだよ
彼
自分の意志で
片づけて
ご自愛しようぜ！

迷えるオタクを救済！

やましたひでこのアドバイス

捨てられないなら、捨てないで結構！

捨てたくないなら、捨てないで良し！

けれど、この室内の有様は恐ろしく無惨！

捨てたくないというのは、モノを惜しむ気持ち。

モノを惜しむというのは、モノを愛で慈しむ気持ち。

残念ながら、この室内の惨状には、
愛でる気持ち、慈しむ気持ちのひとかけらもありません。

なにより、ご自分をまったく慈しんではいないよう。

こんな状態の部屋に自分を住まわせているなんて、
自分で自分をいじめているのと同じですね。

「片づかない、片づけられない」云々のレベルではなく、
まるでセルフネグレクト、まるで自作自演の虐待。

どうぞ、彼氏からの愛を素直に受け取って、この有様から脱出してくださいますように。

捨ててはならないのはモノではなく、
ご自身の存在とお互いを愛する気持ちだけですから。

兎野さんの
KAIZEN POINT

改善ポイント

確実に成果が出る場所から始める

断捨離の初心者で、なおかつモノがあふれていると、片づける気力も湧きません。ここでは、モチベーションを上げるための考え方をいくつか紹介します。「頭では分かっていても体が動かない」という人は、試してみてください。

「断捨離はトレーニング」

そもそも、最初から片づけが上手な人はいません。私自身もそうでした。断捨離とは、仕事や家事、育児と同じように、トレーニングによって身につ

自身が「倉庫」と呼ぶ部屋。4年間のうちに、これだけの荷物がたまった。カーテンは閉め切られている

いていくもの。断捨離とは、要するに「いらないモノを捨てる」「出す」ことですから、とりあえず捨て、捨てながらコツを掴んでいきましょう。

「達成感を得て、自分を褒める」

初心者ほど、本や洋服などこだわりの強いモノから着手しますが、なかなかはかどりません。「お財布の中」「デスクの引き出し1つ」など、ごく簡単なところから始めれば、達成感を得られるはずです。「できた、捨てられた」と自分を褒めるうちに、モノに向き合う活力が湧いてきます。

「やるコトを制限する」

限られた時間と労力で片づか

好きなものが多く、すべてに全力を注ぐ。絶版しそうな漫画などレアものに弱い。電子で読めても「モノ」で持っていたい

普段は倉庫の隣の部屋で、趣味のネイルなどをして過ごす。比較的モノは少ないが、机の上に化粧品や調味料などが混在

ないモノを目の前にすると、途方に暮れ、つい先送りにしてしまうもの。「抱えている物事が多すぎる」と認めた上で、一旦やるべきことを制限し、小さなことから始めましょう。「今の自分」に必要なもの〝だけ〟を残していくのです。

1つ捨てたら、次の1つはもっと気楽に手放せるはず。「できる」と信じて、手を動かしていきましょう。

兎野さんのその後……

限定グッズの予約をしなくなった！

やました先生の言葉を受けて最初は「うるせえ」って思ったんですけど
あれだけ正論を言われて反発できるとは気骨があるな
でもあれから肺炎になってもしかしたらあの部屋のせいかもと…
反骨心も大事だが命も大事だ
やました先生が仰る通りまさにセルフネグレクトだったのかもしれません
「もう使わないかも」と思ったモノは相場を見て高いものから中古ショップに売りにいっています
壊れていないものが大半なのでただ捨てるのはもったいなくて
OFF
壊れていないけれど使っていないモノそれは「執着グッズ」で捨てる難易度が高め
「本当は不要だった」ことに気づいて手放せば断捨離のセンスは磨かれていきます
執
片づけているうちにモノが増えるのが怖くなり限定グッズも買わなくなってきました
ドコに置こう…
ためこみタイプには「キレイな部屋の良さ」を説くより「片づけが必要になる恐怖」を植えつけた方が早そうだな

次のオタクに続く…

case 08

仕事道具は断捨離できても推しグッズを捨てられないオタク

BAパンダさんの困りごと

グッズを買って推しを支えるのが人生の喜び
毎日せっせとお布施をしています

DATA

BAパンダさん

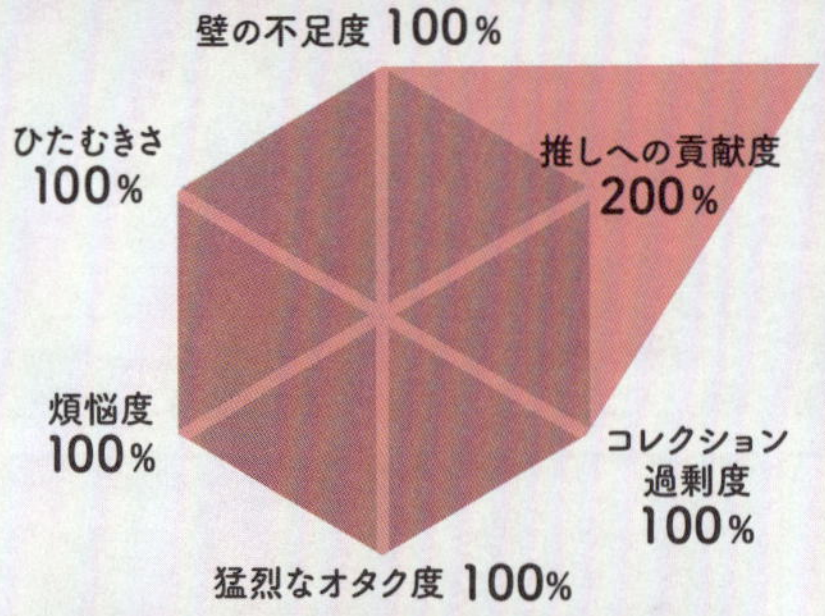

▶救済難易度：117％

ねんれい：ひみつ
しごと：美容部員

幼馴染の漫画家・吉川景都さんとの共著「メイクがなんとなく変なので友達の美容部員にコツを全部聞いてみた」シリーズ（ダイヤモンド社刊）が人気を博す。推しのポスターを貼る壁が足りない。

今回の部屋主は美容部員として活躍中のBAパンダさん
その友人で漫画家の吉川景都さんにも来ていただきました
2人の共著は26万部の大ヒット
メイクがなんとなく変なので友達の美容部員にコツを全部聞いてみた
BAパンダ
吉川景都
俺は正直本が売れてる奴なんて助けたくないぜ
すばらしいですね
おっともっと巨大な敵が最初からいたぜ
断捨離シリーズ累計400万部突破
美容部員ということは
今回は

某人気少年漫画の人気キャラ●●さんと●●さんを演じた俳優さんのオタです！
こんなにフリを無視されることある？
拙者交番とデパートの化粧品売り場は視線下斜め45度早足通過侍でござるが
あのお姉さんたちの部屋が●●さんだらけかと思うと親近感でござるな
私もオタクですがパンダさんに比べれば「集めていない」の部類にはいると思います
友人Yさんの証言
●●さんのグッズは全部集めたいです
あの人気キャラのグッズを全部とか無理やろ

さすがに置く場所がなくなって棚を置くためにドレッサーなどを手放すことになってしまいましたが…
こいつはマジだわ
1／1等身大フィギュアが出たらいくらでも出すんで宜しくお願いします！
これだけ出てるのにまだ出してほしいグッズが？
せめて1／4スケールのものを棺桶にいれてもらいたい…
妥協した!?
このままでは断捨離の先生が来た意味がなくなってしまう
言うコトなし
やっぱ増えすぎたから整理したいとかないの？

もっと●●さんを飾る壁がほしいです
さらに増やす方向!
ところで化粧品もたくさんあるんじゃないの?
コスメ沼の人って顔が何個あるんだよってぐらい化粧道具持ってるじゃん
仕事道具はちゃんと断捨離できてます
スッキリ
ここにも●●さんおるやん

最近買ったピンクはブラウンと合わせられるこっちのピンクはラベンダーと合わせる同じピンクでも違うから残す
なぜ必要なのか不要なのかを全部説明できますから
？
なるほど？
ちゃんと自分に必要なモノが厳選できてるのですね
確かに「全部必要なんだ」と主張して
いるの!!
整理を拒むのはオタクあるある
その点パンダさんはグッズを取ってドレッサーを捨てたり取捨選択ができている！
泣いてドレッサーを斬る
こんなどこかの城にありそうなドレッサーに勝つ●●さんはすごいなあ

夢中になれるモノに出会えるのは幸運なこと
そういう私も断捨離にハマって幸せな人間
この空間推せる
先生は断捨離による「空間オタ」とも言えますね
確かに推しのモノを集められるのは幸運なことだ
検索結果
0件
集めたくても推しジャンルが過疎過ぎてグッズがでてないオタもいるからな
推しに出会えた運命 推しのモノを集めることができる幸運
もはや●●さんを集めるのはあなたの宿命
その宿命に身を投じ「1／4スケール●●さんを棺桶に」を叶えてください！
断捨離漫画が「さらに増やせ」で終わったー！

迷えるオタクを救済!

やましたひでこのアドバイス

推し活に推しグッズ、それがなんであれ、
人生で、そんなコト、そんなモノに出逢えた幸運に感謝ですね。
ハマる、夢中になる、そんな経験は、実は滅多にあることではないのですから。
それは、有り難いことに、私も同じ。
断捨離にハマり、断捨離に夢中になっている幸せな人間。
しかも、その断捨離は、自分で創り上げ、それを伝え、
仲間を増やして分かち合うという最上級の喜びの中にある。
違いは、喜びグッズがいっぱい増えていくのか、
好きなモノが厳選されて減っていくのか、現象が真逆だということだけ。
言い換えるならば、推し活とは運命的な出逢い、
オタクとはとても恵まれた人生。
いえ、運命というよりは宿命!?
ならば、その宿命に喜んで身を投じ、『お布施』を存分にして、
究極の願望『棺桶に4分の1スケールの推し』を叶えてまいりましょうか。

改善ポイント

モノを選ぶ力が高まる「1out 1inの法則」

BAパンダさんが望むのは、推しとともに生きる人生のようですね。ポスターを貼る壁が足りないことも、棺桶に推しグッズを入れたい願いも、オタク道を引き受ける覚悟をした上での決断だと感じます。

断捨離は、「執着を手放す」のと同時に「執着を研ぎ澄ませる」方法だと考えています。今の自分を喜ばせるもの、必要なものを取捨選択できているBAパンダさんは、まさに執着を研ぎ澄ましている状態なのでしょ

美しく取捨選択されたメイク道具。美容部員として、自身がプロデュースしたブラシも即完売となった

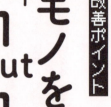

う。

ただし、モノの量はやや多いようですね。「1 out 1 inの法則」とは、前項で紹介した「7・5・1の法則」に沿って選んだモノの中に、新たなお気に入りを1つ加える場合、すでにあったモノの中から1つ手放すという方法です。

その際に注意してほしいのは、「1つ手放してから、1つ入れる」という順番を守ることです。一般的な片づけでは、1つ入れてから1つ手放しますが、断捨離では手放すのが先。先に入れてしまったら、一時的にでも総量オーバーになるからです。また、先に取り出しておくと、「新しく入れるモノは、いい加減には選べない」という覚悟が生まれます。ひいては、モノを選ぶ力が高まります。

美しい推しグッズのしまい方

自在
小さなぬいぐるみなどのコンパクトなグッズは自在に転がす。

自由
キーチェーンや缶バッジは同じ種類で並べ、自由に選びやすくする

自立
Tシャツやタオルなどの布類はケースに立てて収納する。

壁一面に推しのポスターが貼られた"中学生男子"のような部屋。以前はシャビーシックにまとめたおしゃれな部屋だったが、今はキャラクターカラーに埋め尽くされてしまった

1つ手放す（out）
◀
1つ入れる（in）
◀
次の「獲得」がどんどん洗練される

私たちはどうしても、新しくて魅力的なものに飛びついてしまいますが、終わったものの「始末」を先に行うことが、次の「獲得」をより洗練させます。

BAパンダさんのその後…

さらに、等身大の推しの布を3枚予約…！

自分では断捨離できないタイプと思ってたんで取捨選択できてると言われて自信が持てました
パンダさんは幸せそうなんであんまり心配してなかったです
私個人は本が捨てられない人間なので1out 1inを参考に取捨選択頑張ってみたいです。
IN
OUT
次はより美しく見える収納を考えてもいいかもしれませんね
ガラスケースの中の空間を活かして飾れていないものを出したいと思ってます
○○さんの等身大フィギュアはまだですけど「等身大布製ポスター」を3枚手に入れてまた一歩野望に近づきました
何故同じモノを3枚？
オタクにとって同じモノの複数買いは基本なんです…
観賞用？、保存用？、布教用？、

次のオタクに続く…

case 09

衣装を300着自作しても部屋が散らからないコスプレオタク

加藤さんの断捨離術

コスプレで悲しいこともあったけど、イジメもネガティブな気持ちも断捨離しました

DATA

加藤 さえさん

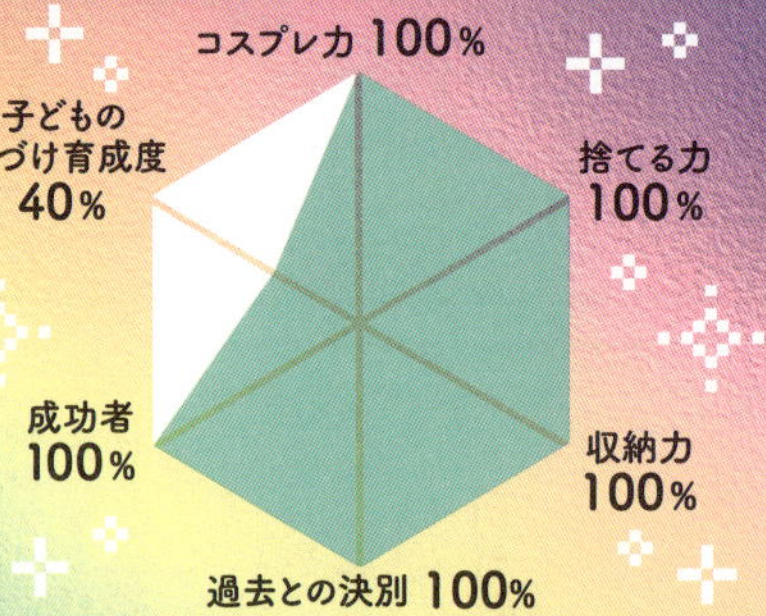

▶オタクの断捨離力：90%

ねんれい：30代
しごと：女性向けの経営コンサルタント

夫、娘2人と4人暮らし。コスプレイヤーの衣装を300着以上自作したが、"散らかったら片づける。作ったら捨てる"の考え方で、整理された部屋をキープ。片づけできない夫と次女が悩みの種ではあるが、今の生活にはほぼ満足している。

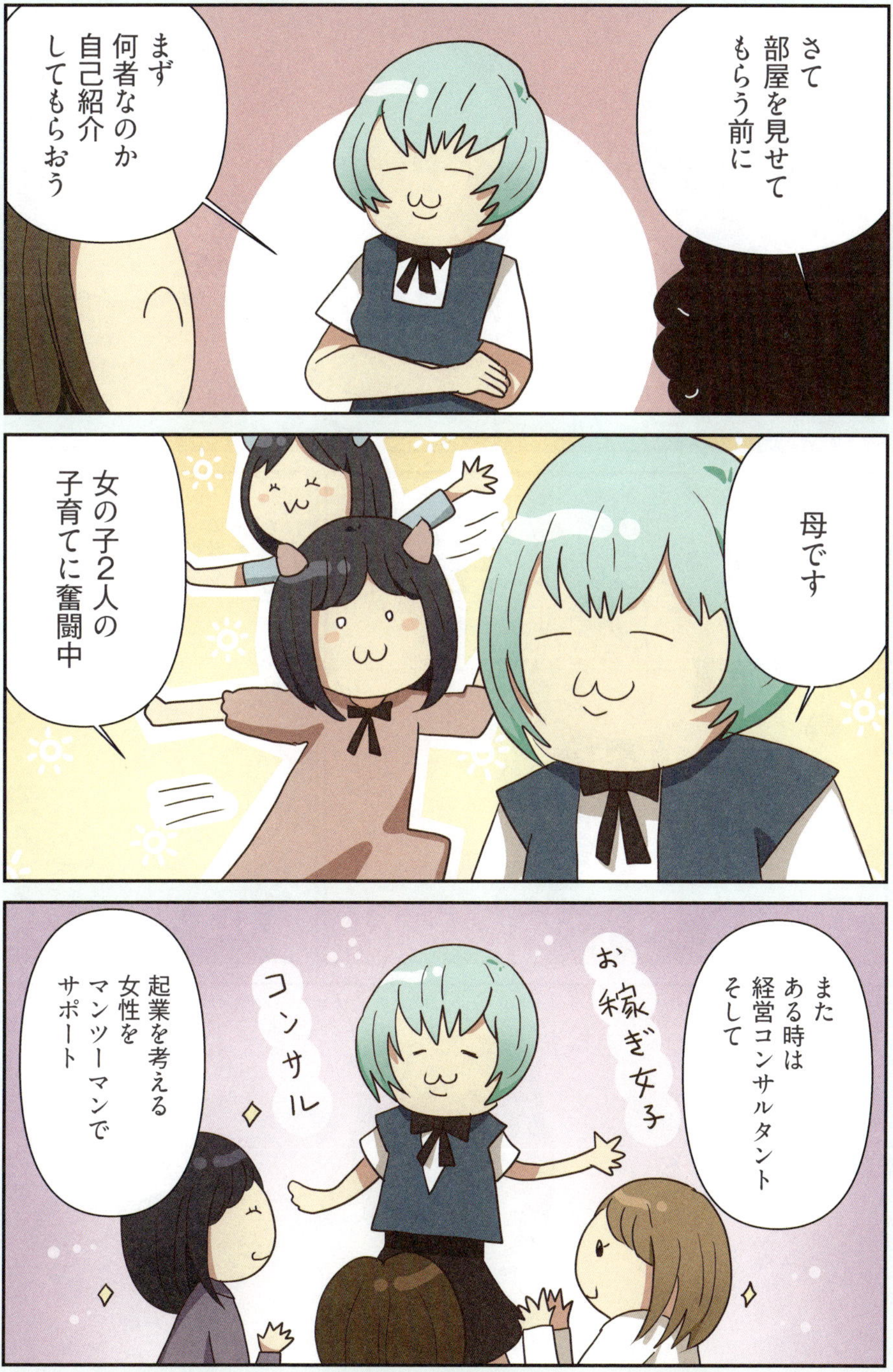

さて部屋を見せてもらう前に
まず何者なのか自己紹介してもらおう
母です
女の子2人の子育てに奮闘中
また ある時は経営コンサルタント そして
お稼ぎ女子
コンサル
起業を考える女性をマンツーマンでサポート

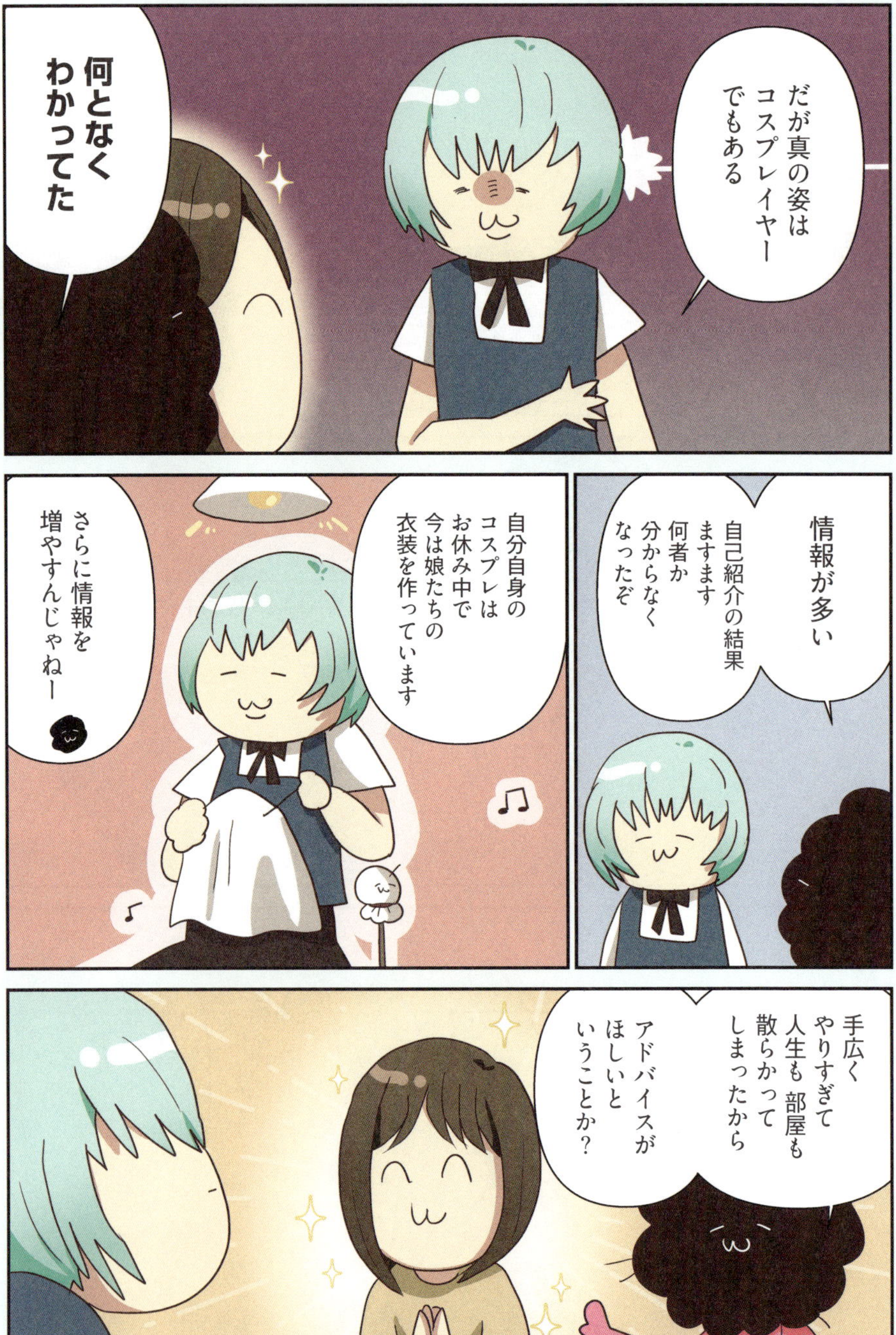

だが真の姿はコスプレイヤーでもある
何となくわかってた
情報が多い
自己紹介の結果ますます何者か分からなくなったぞ
自分自身のコスプレはお休み中で今は娘たちの衣装を作っています
さらに情報を増やすんじゃねー
手広くやりすぎて人生も 部屋も散らかってしまったからアドバイスがほしいということか？

部屋も
人生も
かなり断捨離できてる
方だと思います
先生を冷やかしで
呼ぶんじゃねー
GOOD
コスプレ衣装は
いままで
300着は
作っていますが
新しく作った分
古い物や
使わないものは
処分してます
私泣いてるので、
手持ちの衣装も
チャック袋
などを駆使して
コンパクトに
収納しています

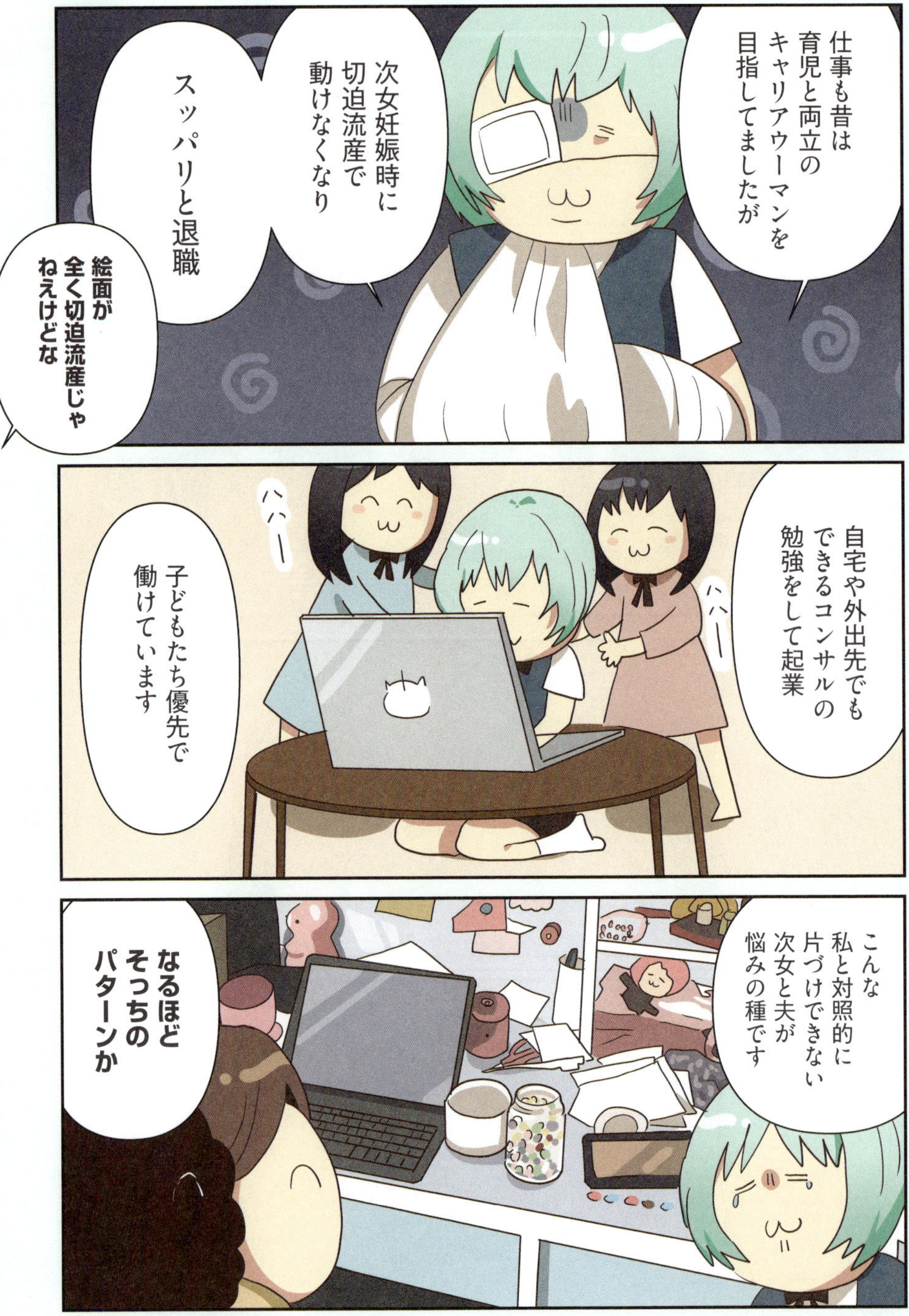

仕事も昔は育児と両立のキャリアウーマンを目指してましたが
次女妊娠時に切迫流産で動けなくなり
スッパリと退職
絵面が全く切迫流産じゃねえけどな
自宅や外出先でもできるコンサルの勉強をして起業
ハハー
子どもたち優先で働けています
ハハー
こんな私と対照的に片づけできない次女と夫が悩みの種です
なるほどそっちのパターンか

私には昔から片づけ習慣がありますが
夫は無駄に広い家に住んでたせいかいまだに床にモノを置くくせがあって
とりあえず置く
床はモノ置くところでしょ?
次女ちゃんは散らかしているのではなく
コレ何ー
ハハー
いろんなものをインプットし分解している時期今は見守るというのも手です
ただしいい大人の旦那てめえはダメだ!
VS
いっそ夫婦で「片づけバトル」を愉しむのも一興
それは個人的にはあんまりおすすめしないっす

そもそも片づけられない奴って「汚い耐性」が強いんですよ
私の汚部屋耐性は5億です
そういう奴に片づけバトルを挑むと
WIN
夫
LOSE…
必ずきれい好きな方が負けるから余計ストレスに
そもそも部屋が汚いことを「問題」と捉えてないから「離婚宣告」とか「暴力」とか持ち出さないと深刻さを理解しない
夫婦仲がさらにギスギスしちゃうと思う
りこん届
そこまでしなきゃダメなの？
「趣味ややりたいことを理解してくれる」という夫の良いところに目を向けて片づけられないという欠点は目をつぶった方が早いんじゃないかな
好きなことをやれ！
夫
圧倒的理解！
目をつぶってもらってる側の貴重な意見ですね

迷えるオタクを救済!

やましたひでこのアドバイス

おお、加藤さえさん、なんという断捨離チックな生活と人生。
諦めなくてはならないことは、諦める。
諦めてはならないことは、諦めない。
この見極めと見切りが自分自身に対して潔いまでにできている。
だとしたら、次女ちゃんの散らかし問題は、どちらの範疇でしょうか。
彼女は、今、散らかしているのではなく、インプットをしている。
彼女は、今、散らかしているのではなく、分解して
理解しようとしている、という時期なのかもしれません。
今は、諦めて、見守りましょうか?
ならば、夫さんは?
もう十分な大人ですからね、生育環境を持ち出すのは言い訳に過ぎないですね。
仁義ない「片づけバトル」を諦めずに愉しんでもいいのかもしれませんね。
そう、極意はバトルさえも愉しむ!
なぜなら、さえさん、あなたの夫さんは、
あなたを最初に理解して受け入れてくれたすばらしい男性なのだから。

断捨離マスターの技

「出す」ことで成功を引き寄せる

失うのが怖い、と悲観的になる人は少なくありません。けれども、入るだけで出していかない暮らしは人生を停滞させます。断捨離は人生の新陳代謝を促すもの。「出す」ことで新陳代謝が起きるのです。

加藤さんはまさに、「出す」ことで成功を引き寄せた人。モノだけではなく、つらい体験をするたびにネガティブな感情や自分に合わないコトを手放し、必要なものを手に入れたようです。

1 out

古着を再利用して作ったコスプレ衣装。どこかが破れて捨てる時も罪悪感が少ない

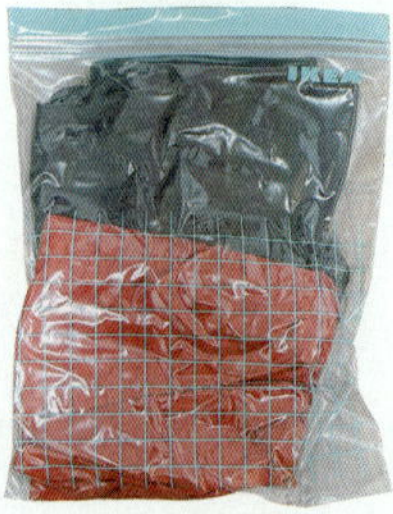

1 in

新しく使った衣装は他の服とは一緒にせず、袋の中へ。ここに入る分のみ保管する

出す＝趣味のコスプレをカミングアウト

大好きなコスプレが原因でイジメを受けた時は、つらい思いをしたことでしょう。ところが、〝カミングアウト〟というアウトプットによって、あるがままの自分を受け止めてくれる結婚相手に出会えたようです。他人の偏見にとらわれず、自分の考えをアピールしたからこそ、それを認める人が現れた良い例です。

出す＝心とからだを解放して転職

仕事で体調を崩した際は、心とからだの悲鳴を封じ込めず、思い切って解放。自分のペースに合わない仕事を辞め、今の自分が求める仕事を選び、収入が大幅にアップした様子。コンサル業で人生を切り拓く方法を人に「与える」ことも、「出す」ことのひとつ。「1 out 1 in」の法則

「出す」ことで生まれる人生の変化

他人の考えに振り回されなくなる
自分に必要な人や出来事に出会える
人間関係の悩みを抱えにくくなる
ごきげんに生きられる
以前からほしかったモノが手に入る

で、これからもいい出会いや自分に必要なコト、収入などが次々と舞い込んでくるでしょう。

断捨離をした人から、〝必要なモノが必要な時に必要なだけ入るようになった〟とよく聞きます。捨てるトレーニングをすると感覚が研ぎ澄まされ、人生に必要な新陳代謝のタイミングが掴めるようになるのです。そして、より洗練された「1 out 1 in」が繰り返されます。

コツさえ掴めば、「出す」ことは難しくありません。また、「手に入る」ことが分かれば、安心して「手放せる」のでは？

小さなことからでも大丈夫。加藤さんのように「不要・不適・不快」を手放し、人生を循環させましょう。

加藤さんのその後…

収納の神アイテム「ブックエンド」投入

断捨離マスターの加藤さんを悩ませるのは娘の散らかし癖。収納のガイドラインを伝授し、断捨離トレーニングを施すべし

すごく参考になる話と
そして 褒めてくださり
嬉しいです
こんな時は 笑う
あれから
実行したことは
ありますか？
子どもが
整理整頓できるように
100均の
ブックエンドを
買ったら
少しずつ自分で
整理できるように
なってきました
重要軸と時間軸を
意識した断捨離を
進めると自然とモノが
絞り込まれるので
収納グッズは
最低限あれば十分
ダイエット食品
食いすぎて太る
奴がいるように
収納グッズで
部屋が狭く
なってる奴
いそうですもんね
ただし保管・分類の
トレーニングでは
収納グッズが
大いに生かされます
ミッション！
今から
トレーニングをすれば
大人になる頃には…？
未来の断捨離マスター
誕生の予感

次のオタクに続く…

case 10

ペットとモノに依存しない猫オタク

石原さんの断捨離術

16年共に過ごした飼い犬との別れがつらかった…今は飼うなら猫一択です

DATA

石原 さくらさん

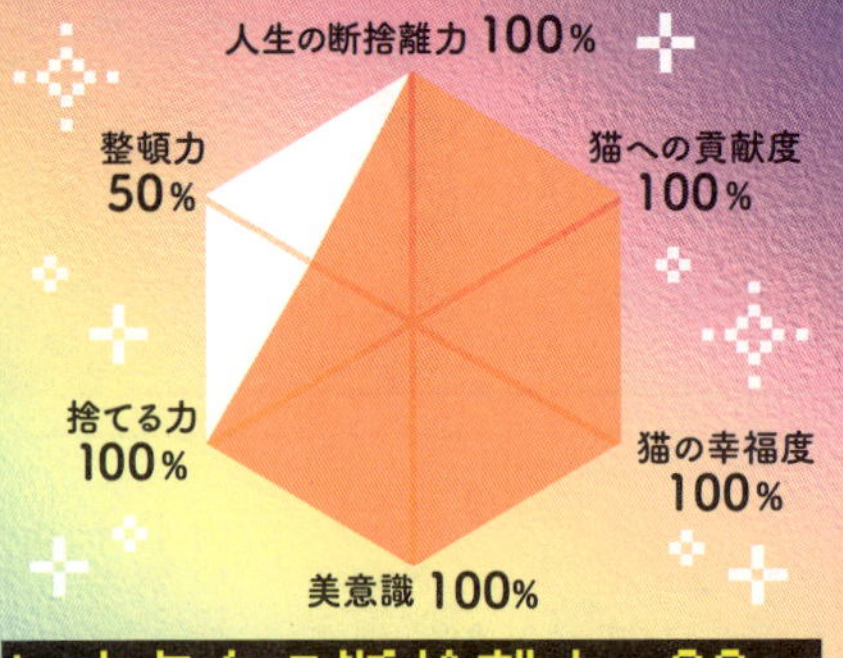

▶オタクの断捨離力：92%

ねんれい：40代
し ご と：猫専門フォトグラファー

自立したペットである猫が好きで、現在の飼い猫は6匹。仕事で家をあけることが多いため、猫と一人息子のために部屋を整える毎日。東京都文京区にある猫カフェスタイルのキャッテリー「100% Neko」の運営に携わる。

猫だーー！
猫だーー！
ペロ
ペロ
今回は
文句のつけどころが
ないいいい部屋だった
帰るな

子どもの頃から
猫などの動物たちと
暮らし
その姿を記録
し続けたことから
写真に興味を持ち
学校で
写真を学び
現在は「猫写真家」
やってます
イーヨ
イーヨ
まさに 猫人生
猫カフェの
経営のみならず
デボンレックスの
ブリーダーでもあり
6匹の猫と 暮らしてます
私は
デボンレックスと
それ以外の猫が
一番好きなんだ！
猫 全部
ですね
家に
猫が6匹
いる時点で
なんの不満が
あろうか？
むしろ
不満を
持っては
いけない
ツッ
ツッ

でももっと猫のためにいい環境にしていきたいです
そりゃそうだ
くる
くる
片づけは得意じゃないけど物が多いのは気になるので
断捨離は定期的にしています
ギィーーー
でも捨てるのはできるけど整頓はできてないから
結構カメラ機材とか雑然と置いていたり…
確かに「捨てる」と「整頓」って全然違うんだよな
ポイ
ポイ

しかし どれだけ捨てても おキャット様が 6匹もいれば
自ずと モノが多く なってしまう のでは
確かに トイレ砂とか 猫ゴミが かなりの量に なります
キャットゴミ
思った以上に 多かった
でも 猫のモノに 関しては 慣れてるし 苦にならない
ノーカン
確かに おキャット様の モノを邪魔だと 感じる猫好きは いねえ

むしろ子どものおもちゃとかが気になる！
ぬいぐるみとかが増えすぎてその上に猫が乗ってたり
猫のモノは気にならないのに人間のモノは気になるとはさすがだな
どうですか改善するところがあるような
猫が幸せな時点でどうでもいいような
まず前提として
断捨離とは散らかさないことではありません
むしろアクティブに散らかって行くのは当然
猫と生活したりから
猫のモノが増える
断捨離で育むのは高い「美意識」

石原さんの部屋と人生は「猫」中心にクリエイティブされた美しいアート空間
お見事です!
星
砂
猫のモノ
人のモノ
オオー
結論　猫は世界の中心
まあそのかわり
ぬいぐるみとかは定期的に断捨離しましょう
オオオー
ゴミ
再結論　人間のモノは捨てろ
でもぬいぐるみの上で猫ちゃんがくつろぐ姿も良いのでは?
オオオオオー
再々結論
猫が気に入っているモノならその限りではない

迷えるオタクを救済!

やましたひでこのアドバイス

断捨離の考え方では、散らかっているかどうかは気にしないのです。
そう、アクティブな散らかりはあってあたり前。それよりも、
なにより嫌うことは、漠然としたモノの堆積なんですね。
そして、断捨離で育んでいくのは、高い美意識。
日常の生活空間、生活時間を、常にクリエイトし
アートにしていくのが断捨離の目論見《もくろみ》。
それは、とりも直さず、人生のクリエイトであり、
人生をアートにしていくことに他ならないはず。
猫と共にある居住空間、そのものが美しいアート空間。
猫の写真の数々、そのものが美しいアート作品。
生活も仕事も猫と一緒にクリエイトし続けていくアート人生。
石原さん、お見事というしかありません。
ぬいぐるみ置き場の中に猫が寝ていることも、ご愛嬌。
そうですね、増えていく子どものおもちゃも、
定期的に断捨離すればいいだけのことだから。

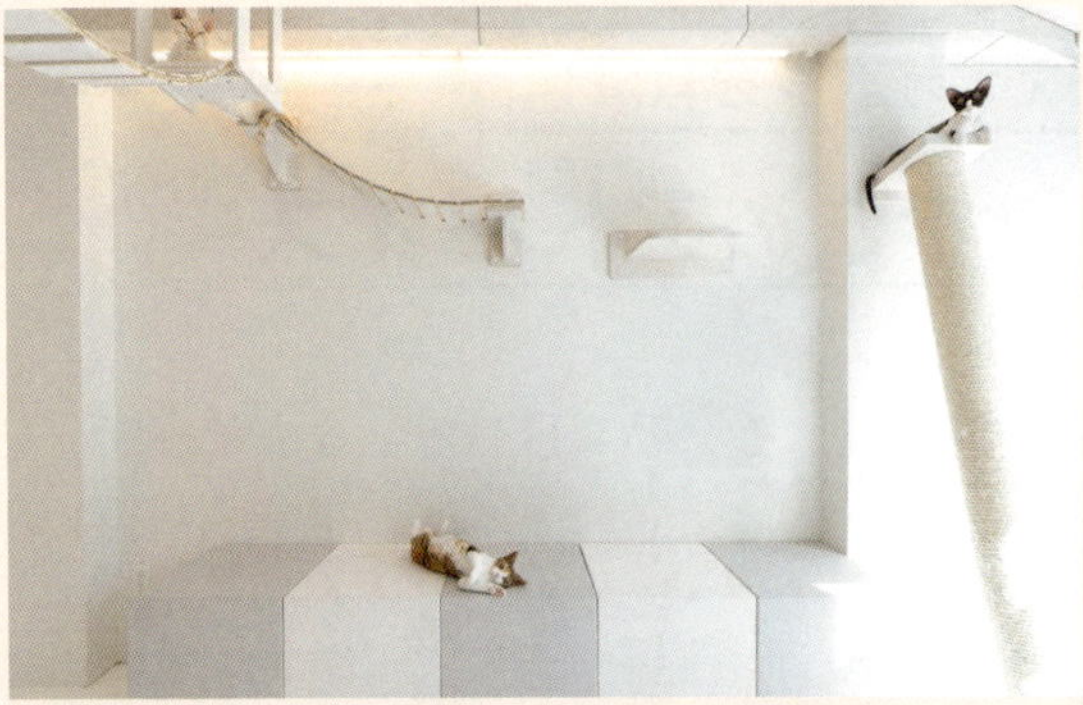

石原さんが運営する猫カフェ「100％ Neko」。内装は白で統一し、清潔さをキープ。デボンレックスの子猫たちの見学もできる

断捨離マスターの技

「間＝余白」のある人生を選び取る

子どもの頃から現在まで、大切なテストや重要な仕事を迎える前に「部屋を片づける」という習慣を続けてきたようですね。定期的な片づけ、私自身も実践しています。

モノの片づけが心にも作用することは、すでにお話ししてきましたが、不要なモノを1つ捨てれば、その分だけ心がクリアになります。私自身、子どもの頃からくよくよ悩むタイプでしたが、自分が身を置く空間を整えることで、悩み体質から解放されました。常に

自分の周りのモノを取捨選択するうちに、問題の対象について「悩む」から「考える」感覚に変わっていったのだと思います。

石原さんは、ペットとの「間」の取り方もお見事ですね。時間・空間・手間・人間関係、そしてペットとの距離感もそうですが、密度が高すぎても低すぎても機能不全を起こしやすくなります。

空間やペットとの間にできた「余白」のなかに〝気づき〟や〝ひらめき〟を宿らせ、クリエイティブな仕事で活躍されているのでしょう。

会話の「間」の取り方が上手で売れていく芸人さんは、部屋がスッキリし

猫を知り尽くした石原さんだからこそ作り出せた空間。小さな頃から猫と過ごす時間が長かったせいか、猫とのコミュニケーションが取れるようになった

断捨離マスターまでの道

断捨離マスター

ケアとしての断捨離

住まいの〝垢〟を落としながら、
モノが絞り込まれた
状態をキープ。
頑張りは不要で、むしろ楽しい。

↑

リセットとしての断捨離

片づける場所の目標を立て、
モノが「要・適・快」になるまで
絞り込む。
気力も体力も消耗。

てモノが少ない人が多いとか。空間全体を意識できる思考・感覚・感性は、おのずと自分に合った〝間合い〟を取ることに繋がるのでしょう。

悩みごとと片づけ。ペットと片づけ。これらは一見、関係ないように感じるかもしれません。けれども、あらゆるモノやコトの「間＝余白」を心地よく整えることが、自分自身との距離を適切に保つための足がかりにもなるのです。

石原さんのその後…

モノを時系列で区分けして保管！

アート人生なんて言われると照れますね
いや猫の存在自体が芸術ですし
ホントはまだまだ家に置きたくないモノがたくさんあるんですけど1人で暮らしているわけではないから今は妥協しないと
妥協物…
子どものオモチャプリントなど
やっぱり妥協物のなかに猫関連のものはないんだな
でも子育てが終わった15年後にはもっと身軽な自分になれるように
15年後
絶対捨てないモノ10年は捨てないモノ数年、数ヵ月で捨てるかもしれないモノの場所を何となく区切ってます
捨てない
数年
数ヵ月
でも忙しくなると目の前のモノが気になってつい「現実逃避断捨離」しちゃいますね！
ポイ
ポイ
逃
現実逃避断捨離！すばらしい！
なんという断捨離モンスター
こっちは「片づけなければいけない」という現実から逃避しているのに

次のオタクに続く…

case 11 漫画家・カレー沢 薫の場合

床が見えなくなって掃除することもあるが片づいた部屋を見て「汚さないように気をつけよう」ではなく
床出現
これでまたしばらく床に置き放題だとワクワクしちゃうね
自分の部屋なんだからどれだけ他人から見て汚くても
本人が快適ならそれでいいのよ
しかしその快適に
家族が「不快」を感じていたら話は別だ
夫
実際本人は良くても家族が困ってるパターンは多かった
妻
逆に言えば断捨離は家族関係の整頓にも繋がると言える
私も自分の部屋以外では床に置かないようにはしている
たまにはみ出るけど

すでに自分の美意識が確立されてるタイプはモノが多くても捨てろって話にはなってなかったな
●●さんは
集める
他は捨てる
子ども中心の生活づくり
むしろ結論が「もっと増やせ」になったのは驚いたぜ
そういや断捨離的に意見を聞いてみたいものが一つだけあった
他は全部ゴミ
自分の本
ネコムリン
カレー沢薫著
単行本を出すと著者に献本として何冊か送られてくるんだ
10冊〜20冊もらう
漫画家も長いこと続けていると
これが大変な量になる

知人友人に配るためのものなんだろうけど
20人も配れる奴そんなにいないだろ
妖怪本配りBBA
ネコムリン
古本屋も同じ本を大量に引き取ってはくれないし
そもそも怪しい奴だと思われる
本OFF
結局捨てるしかなくなるのだが
自分の本をゴミ捨て場に置くのはかなり忍びない
自分の本はまさに我が子同然！
バブー
ネコムリン1
捨てるなんて無理だろ！
持て余すと分かっているならなぜ「献本はいらない」と言わないのか
それに大切な我が子なら一生懸命里子先を探すのでは？

結局「めんどうくさい」ことを誤魔化しているだけ！
オギャー
ネコムリン
無計画に作った子どもをネグレクトする虐待親と同じ！
と先生が言いそうなことを言ってみた
こんな品のない言い方はしないだろうが
だが実際「大事」や「必要」という理由で
どんどんモノが増えてるタイプもいた
大事！
「大切」だと言うなら客観的に見ても大切にされてなければ説得力がない
「めんどうくさい」を「大事」だからと論点をすり替えがちなのが片づけられない系オタクの厄介なところだ
集めるだけじゃなく大切にできてこそオタク！
たまには我を忘れてキレ散らかしたいですよね？

そういう意味では私の部屋は
「完成」してるな
もえろ! ゴミ
私もオタクだがグッズ類はほぼ購入しない
大事にできないと分かりきってるからな
最初から粗末にしていいものだけを買って
雑に扱っている
HAPPY
確固たる信念により「どうでもいいものとゴミ」のみで統一された
美意識の高い部屋と人生が完成したのである
みなさんもまず自分の「生き方」に向き合ってから「俺が考えた最強の部屋」を作ろう!

オタクの断《だん》捨《しゃ》離《り》
捨《す》てられないオタクを救《きゅう》済《さい》！

2025年1月22日　初版発行
2025年3月5日　再版発行

原案・監修　やましたひでこ
漫　画　カレー沢《ざわ》　薫《かおる》

発行者　山下 直久
発　行　株式会社KADOKAWA
〒102-8177 東京都千代田区富士見2-13-3
0570-002-301（ナビダイヤル）

印刷　大日本印刷株式会社
製本　大日本印刷株式会社

Printed in Japan
ISBN 978-4-04-683983-1　C0095